El Camino al Éxito

Nuensie Suku

con Howard Griffin, Ph.D.

Guía del Pequeño Empresario a la Vida, Libertad Financiera y de Cómo Lograr Sus Sueños

1

Esta publicación está diseñada para proporcionar información precisa y fidedigna en relación con el asunto cubierto. Se vende con el entendimiento de que la editorial ni el autor participa en la prestación de asesoramiento jurídico, contable o financiera. Si es necesaria la asistencia de expertos, debe buscarse el servicio del profesional adecuado. El editor y el autor renuncian a cualquier responsabilidad, pérdida o riesgo resultante directa o indirectamente de la utilización o aplicación de cualquiera de los contenidos de este libro.

Thai Princess Publishing
PO Box 591608
San Antonio TX 78259

Biblioteca de datos de catalogación en publicación de Congreso
Suku, Nuensie-1956-
Griffin, Howard-1973-

Resumen: Procedente de Tailandia, Suku comparte filosofías de vida y los negocios que ella ha elaborado a través de su perspectiva sobre la vida y experiencias únicas.

Biblioteca del Congreso Número de Control: 2012942380

ISBN 978-0-9837676-9-5

Impreso en los Estados Unidos de América
Georgia Typeface utilizado en "El Camino al Éxito"

Traducido de la lengua inglesa por:
Howard Griffin, Ph.D.

DEDICACIÓN

A mis padres, que me enseñaron el valor del trabajo duro; mi sobrino, quien me inspiró con su habilidad para rebotar de tragedia; y a mi familia, que me ha apoyado a través de todos los tiempos difíciles.

DESCARGO DE RESPONSABILIDAD

Aunque los eventos relacionados con este volumen son verdaderos, se han cambiado los nombres de las personas mencionadas en el libro a fin de proteger su privacidad.

TABLA DE CONTENIDO

Prólogo

Yo nací en una pequeña aldea en la provincia de Isan, Tailandia, a lo largo de la frontera con Laos y Cambodia. Tailandia está clasificado como una economía emergente, pero gran parte del crecimiento económico sólo se ha producido desde comienzos de los 90. Provincia de Isan, donde nací, tradicionalmente ha sido y sigue siendo una de las regiones más pobres del país. Es principalmente agrícola y rural en naturaleza. La capital provincial cuenta con alrededor de 140.000 personas, aunque fue algo menor cuando era una niña. Dada nuestra proximidad a Laos, tendemos a identificar más con Laos que el resto de Tailandia. El lenguaje provincial, también llamado Isan, es en realidad un dialecto del idioma Lao y de todos primera lengua, aunque casi todos hablan el tailandés (en mayor o menor grado). De hecho, hablo Isan mucho mejor y más fácil de lo que hablo tailandés estándar. Es un país budista; algunos de los principales principios del budismo son vida ética, conciencia, meditación y el cultivo de la sabiduría

(Padmasambhava et. al., 2004). Aunque no soy budista estricta, creo que estos son algunos objetivos excelentes para la vida diaria.

La razón por la que le refiero a usted, mi estimado lector, esta información sobre mi experiencia es proporcionar un telón de fondo de lo que está por venir. Creo que mi pasado ha influido directamente en mi perspectiva sobre el emprendimiento. Todo el mundo tiene una toma diferente de vida--su propósito, el sentido general de por qué estamos aquí, y lo todo esto significa. Aunque talvez he demorado más tiempo para descubrir mi propósito y talentos especiales en la vida que para otros, ahora considero emprendimiento el camino que debo viajar en este mundo.

El resto de este volúmen describe en detalle el medio por el cual yo me he transformado en un emprendedor, las técnicas que he aprendido en los últimos siete u ocho años y la filosofía de negocio única que he elaborado para mí durante este tiempo como resultado de mis circunstancias distintas y rasgos de personalidad. Todas las experiencias son diferentes, y seguro que usted encontrará sus propios retos, dificultades y triunfos como empresario. Mi deseo es que encuentre algo en este trabajo que le inspire, le guie y le proporcione una perspectiva de lo que significa ser dueño de un negocio pequeño. En mi opinión, es la manera definitiva de cómo ser "maestro de su propio destino".

Capítulo I
Espíritu Empresarial

Emprendimiento es el acto de emprender un esfuerzo en una empresa para transformar las innovaciones en servicios o bienes económicos. De hecho, proviene de la palabra francesa que significa, "hacer un esfuerzo" (Shane, 2004). Es la fundación de la economía estadounidense, crea a decenas de miles de empleos cada año y es algo al que un gran porcentaje de personas en todo el mundo aspira. En un sentido muy básico, ser emprendedor significa poseer y operar una empresa propia. Los empresarios están en su mayor parte bien respetados y admirados.

Mucha gente asocia tener negocio propio con una gran cantidad de riesgo--el miedo de si el negocio va por debajo, el propietario de la empresa perderá todo. Aunque es cierto que sólo una fracción de las empresas llega a su quinto cumpleaños, existen formas de que el propietario de la empresa puede proteger a sí mismo o a sí misma. La mayoría de los emprendedores que operan una empresa de cualquier tamaño significativo formará una sociedad anónima o en inglés, *"corporation"* (hay muchas formas diferentes de sociedades anónimas, pero los principios básicos son los mismos). Esto significa que si el negocio fracasa, el propietario de la empresa sólo estará responsable para los pasivos que formaban parte de la S.A. En otras palabras, los acreedores sólo potencialmente podrían venir atrás de los activos dentro de la sociedad anónima--nada más. Así, una estructura corporativa ofrece protección a los bienes personales del propietario de la empresa (casa, coches, fondos de jubilación y otros activos) en este escenario.

Además y quizás contra la intuición, el propietario de la empresa realmente corre menos riesgos de que un empleado asalariado. El empleado asalariado tiene tan sólo un flujo de ingresos--el empleador actual. Si el empleador despide al empleado por cualquier razón, debe encontrar el empleado otro trabajo-- algo que no es fácil de hacer en la economía actual. El propietario de la empresa, por otro lado, tiene cientos, si no miles de fuentes de ingresos--los clientes individuales que él o ella tiene y los clientes potenciales que el propietario de la empresa podría obtener en el futuro a través de la publicidad de boca en boca o por otros medios. Así, el propietario de la empresa tiene menos riesgo de "ser despedido" en el sentido de que si un cliente deja de frequentar el propietario, el efecto general no es grave que en la mayoría de los casos.

Un empresario puede operar una de dos formas distintas de negocio. El primer tipo es que el negocio del empresario comienza desde cero--algo que era una idea o creación original. De hecho, esta forma de negocio es realmente el corazón de lo que significa ser emprendedor. El otro tipo es comprar una franquicia (un formato de negocios en el cual una idea fue replicada y ahora existe en muchos otros lugares). De hecho, la mayoría de las empresas que frecuentamos en estos días son franquicias.

Con una franquicia, basta con seguir un plan de negocio ya probado. En otras palabras, franquicias son negocios establecidos que comenzaron como una "idea original" en algún momento en el pasado. Los fundadores de la empresa logran ganancias porque los propietarios de negocios posteriores (los "franquiciados") pagan una cuota inicial de franquicia (que va desde menos de $10.000 a más de cientos de miles de dólares), así como un porcentaje de las ganancias. A cambio de estos pagos, los franquiciados reciben formación inicial (muchas veces en lugar de base de la franquicia) así como material promocional, secretos comerciales, recetas (en el caso de las franquicias de comida) y *know-how* propio. Franquicias, por lo general, tienen una tasa de éxito muy saludable, aunque esto depende de muchas variables, tales como el tipo de negocio, la ética de trabajo del franquiciado, los empleados utlilizados, y la disposición del franquiciado a adherirse al sistema de franquicia.

Uno puede fácilmente investigar una franquicia; de hecho, un *"ranking"* anual aparece en varias de las revistas de negocios. Sin embargo, sólo porque una franquicia particular ha tenido éxito através de los años y cuenta con un alto rango en la literatura popular no necesariamente significa que es el adecuado para usted. Es mejor elegir una franquicia que se trata de algo de interés para usted o con que tiene experiencia previa. No es difícil, sin embargo. Literalmente hay una franquicia para cada área de interés imaginable. Dado el alcance de franquicias disponibles (de todos los géneros imaginables, de comida rápida a servicios de educación infantil y cambio de aceite móvil), se advierte a reflexionar en la pregunta, "¿Qué quiero hacer cada día?".

Franquicia sin duda tiene un lugar en la economía actual. El simple hecho de que la mayoría de las empresas por ahí son franquicias apunta a este hecho. En general, franquicias poseen una mejor tasa de éxito del tipo "ir sólo" de empresa. Aunque nunca he sido propietaria de una franquicia, siento que esta ruta atraerá a un determinado segmento de potenciales propietarios de empresa, especialmente proprietarios de primera vez. De hecho, un pensamiento común entre franquiciados es que sienten que aunque tienen negocio propio, operan dentro de una estructura mayor. En otras palabras, conserven una mayoría de control sobre el funcionamiento cotidiano, pero la sede corporativa proporciona un gran apoyo en el plano estratégico, además de campañas publicitarias nacionales destinadas para el beneficio de todos los franquiciados.

Sin embargo, el propietario de una exitosa franquicia estará dispuesto a renunciar a una gran cantidad de control operacional de "panorama general" y sucumbir a los deseos de la oficina corporativa cuando se trata de cosas como precio, productos, servicios, calidad, horas de operación, etc. Pero nuevamente, hay un costo financiero muy real involucrado con el apoyo, la capacitación y el conocimiento particular--una cuota inicial de franquicia así como un porcentaje de los ingresos pagado sobre una base regular (generalmente mensuales). Además, aunque la compra de una franquicia puede ser menos riesgoso que una creación original, puede que la recompensa potencial no sea tan grande y muchos dueños de franquicias terminan operando varios puntos de venta a fin de generar un ingreso suficiente.

¿Qué tipo de negocio es adecuado para usted? La decisión final de elegir una franquicia o seguir su propio camino realmente depende de su personalidad (¿puede usted trabajar dentro del sistema de franquicia? Si no, la sede tiene el derecho de cerrarle), la experiencia empresarial anterior y de negocio, y si ya tiene un único producto/servicio/método de entrega en el cual podría capitalizar. Sin embargo, yo diría que si realmente quiere "mandar", vaya a la ruta de esta última. De esta forma, usted tiene control total sobre todos los aspectos de su negocio, desde el tipo de señales que elige a colgar en las ventanas al precio que se cobra para los productos o servicios que vende. Sin mencionar el hecho de que evitará pagar la cuota inicial y tasas de regalías. He elegido esta ruta con mis empresas diferentes. Hay un pensamiento adicional--la satisfacción psicológica de tener su propio negocio único. Es algo en que no se puede poner una etiqueta de precio.

En suma, hay millones de personas independientes que han tenido éxito con cualquier ruta. Por lo tanto, la decisión final realmente depende de sus circunstancias personales. Mientras ser emprendedor a tiempo completo no es para todos, creo que casi todo el mundo tiene algún grado de habilidad empresarial y puede aprovecharle si se les da la oportunidad. De hecho, muchos propietarios de pequeñas empresas comenzaron con una empresa a tiempo parcial dentro de sus hogares. Esta es otra opción para aquellos que no sienten que pueden dar el salto a ser operador de una empresa a tiempo completo de noche para el día.

En cuanto a mí, ahora he sido un empresario durante más de siete años, primero con bienes raíces y luego con mis tiendas de minorista a lo largo del bello Paseo del Rio de San Antonio. Puedo decir que, aunque ciertamente no ha sido fácil, ha sido uno de los períodos más satisfactorios de mi vida. Ser su propio jefe, sentir que realmente se mantiene su destino en las manos, es aterrador en un sentido pero también muy gratificante. Siento que mi futuro económico está controlado por la persona que se preocupa más por él-- iyo! Cuando me detengo a meditar cuánto progreso que he realizado durante los años y cuánto he aprendido y crecido sin una oficina corporativa para entrenarme, apoyarme y proporcionarme instrucciones, me da escalofríos. Estoy literalmente amo de mi destino.

En el siguiente capítulo quiero darle más detalle en cómo me interesó ser autónoma, cómo fue mi experiencia con inmobiliaria, cómo hice la transición de inmuebles al area de venta, y algunos principios fundamentales de la actividad empresarial que he aprendido en el camino. Sería la primera de ellas a admitir que tengo un largo camino por delante antes de que podía considerarme en la misma liga de muchos otros conocidos empresarios que hoy vemos en los medios de comunicación. Sin embargo, estoy orgullosa de haber superado todos los obstáculos en mi camino para llegar al punto donde estoy hoy.

Capítulo II
Bienes Raíces

Permítame comenzar dándole un poco de antecedentes de cómo llegué a este punto. Realmente empecé alrededor de la primavera de 2004 como empresario, pero en el campo de bienes raíces. Yo había estado viviendo en San Antonio, Texas desde los principios de los 90. Iba en el camino de salida del servicio civil y buscaba algo financieramente viable para proseguir así como algo que podría encajar mis circunstancias únicas. Obtuve una copia de uno de los cursos de bienes raíces más populares en la televisión del momento, y me enredé inmediatamente. Escuché repetidamente a los CDs mientras yo conducia o hacía otras actividades y de pronto sentí que estaba lista para dar el paso.

Ví un pequeño anuncio en el periódico por una inmobiliaria que decía que se especializaba en ejecuciones hipotecarias y decidí darle una llamada. Nos dimos bien enseguida, y poco después comencé a hacer ofertas en casas adjudicadas (o *"foreclosures"* en inglés). Estas son algo diferentes a hogares de tipo normal "para la venta por dueño" (o *"FSBO"*, sus siglas en inglés), como esencialmente se ponen licitaciones para la propiedad en cuestión hasta un cierto plazo, y uno nunca sabe lo que otros inversores están pujando. Tenía un amigo, Enrique, quien también estaba interesado en ir conmigo. Asombrosamente para nosotros en aquel momento, después de meter varias ofertas, ¡una de nuestras ofertas de exclusión fue aceptada! Fuimos muy emocionados y comenzamos a pasar por el proceso de obtenter financiación para cerrar en ella. Aunque realmente la casa no era tan cara, había aprendido en el curso de bienes raíces a nunca usar su propio dinero si es posible; es siempre mejor usar lo que ellos llaman *DOP--"dinero de otras personas"*. Aunque ambos habíamos comprado casas en que vivir, nunca habíamos comprado un inmueble de inversión. Después de unas semanas y relativamente sin incidente, fuimos capaces de cerrar la casa y oficialmente era nuestra.

La casa tenía unos veinte años, tenía tres dormitorios y dos baños y fue ubicada en una zona residencial de San Antonio. El barrio fue de clase media y nos pareció que la casa haría una unidad de alquiler buena, pero estaba en bastante mal estado desde un punto de vista cosmético. Necesitaba pintura por dentro y por fuera, linóleo de cocina nueva, alfombra nueva, nuevos aparatos, etc. Ni Enrique ni yo fuimos muy útiles, así que tuvimos que contratar a diferentes personas para ayudarnos con las diferentes etapas del proceso. Esto se trata de un desafío en sí mismo y francamente no es algo que había dado un montón de pensamiento de antemano. Supongo que tuve una visión ingenua de cómo operan los contratistas (y aquellos que se pasan por contratistas). Sin embargo, después de dos meses, estábamos dispuestos a alquilar la propiedad.

Después de colocar un anuncio en el periódico de la ciudad, comenzamos a recibir llamadas de posibles inquilinos y eventualmente fuimos con una familia que recibía asistencia de "Sección Ocho" (viviendas). Aunque no estábamos familiarizados con Sección Ocho previamente, después de pensarlo, Enrique y yo decidimos que podría funcionar muy bien a nuestro favor, como más de la mitad de la renta vendría del gobierno del condado. Después de arreglada y alquilada la propiedad (con el bono de tener parte de la renta como ingreso garantizado), iniciamos el proceso de búsqueda de más casas. Realmente, yo era la que salía con el agente de inmobiliaria con más frecuencia, como Enrique todavía trabajaba a tiempo completo. Presentaba muchas ofertas, en casas *FSBO*, así como *foreclosures*, y varios de ellas fueron aceptadas. En el otoño de ese año, eramos dueños de cuatro propiedades unifamiliares.

En este punto nos emocionamos y comenzamos a sentir que estábamos realmente en nuestro camino a convertirnos en magnates de bienes raíces. Continuamos nuestro ritmo frenético de buscar propiedades, presentar ofertas, aceptarnos algunas y, a continuación, pasando por el proceso de cierre. Aunque ahora teníamos inquilinos con que tratar, era agradable y en su mayor parte, los inquilinos parecían decentes. Enrique fue quien trataba con ellos la mayoría del tiempo, como él había crecido alrededor de ese tipo de cosa (sus padres poseían propiedades de alquiler desde antes de que él nació) y él disfrutaba de recoger el dinero y asegurándose de que se pagaban las nuevas hipotecas. Durante un tiempo, estábamos cerrando en *una* propiedad por mes. Tuvimos cuatro por agosto, seis por octubre y diez por enero del proximo año! En ese momento, la parte administrativa de las cosas realmente se estaba convirtiendo en un proceso más pesada, pero no fue abrumadora para Enrique. Aunque yo trataba de ayudar, no disfruto ese tipo de cosa (relaciónes con los inquilinos) y prefería buscar nuevas propiedades. Además, debido a problemas de familias, yo estaba dividiendo mi tiempo entre Florida y San Antonio durante aquel tiempo, así que dejé la mayoría de las operaciones diarias a Enrique. Yo incluso le di poder legal en caso de que no podía volver a la ciudad para un cierre que podríamos tener.

A principios de 2005, con el mercado inmobiliario todavía muy fuerte en todo el país, decidimos tratar de ir en una dirección diferente—la de adquirir casas más exclusivas. Las casas unifamiliares que habíamos recogido en todo el año anterior habían sido relativamente baratas, pero ahora buscábamos propiedades con valores varias veces superiores. Habían varios barrios de estos tipos de viviendas que se construían en San Antonio en aquel momento, y unos muy bonitos barrios cerrados (*"gated communities"*) iban surgiendo en ciertas partes de la ciudad. Había comenzado a conocerles a algunos inversionistas de bienes raíces que iban por este tipo de propiedad, y me convencieron de que esto era donde se encontraba el dinero real y a no perder mi tiempo con esas casas de tipo económico que había sido recogiendo el año anterior. Así que comenzamos a buscar en uno de los barrios nuevos más exclusivos. Poco despúes, metimos una oferta a una propiedad *FSBO* con un precio superior al que nunca habíamos hecho antes. Sin embargo, pensamos que la oferta parecía razonable teniendo en cuenta de que se ubicaba en una hermosa comunidad cerrada en una de las zonas más exclusivas de la ciudad. De hecho, parecía una gran ganga.

Todo salió de acuerdo al plan, y cerramos con éxito en la propiedad unas semanas más tarde. No sabía si queríamos alquilar la propiedad a los inquilinos de altos recursos o vivir en ella durante un tiempo y luego revenderla, pero nos decidimos por este último. En otras palabras, Enrique se trasladó allá (yo ya tenía una casa en ese momento) y pagó la mayor parte de la hipoteca. Lo visitó con frecuencia, y debo admitir de que disfrutaba de pasar tiempo en la propiedad, así como en la propia comunidad cerrada. Era un mundo diferente--totalmente separado del resto de la ciudad. Casi parecía que estábamos en una parte elegante del sur de California.

Con el paso del tiempo, continué buscando lo que consideraba propiedades subvaluadas, pero cada vez lo hice sin Enrique. Él todavía estaba trabajando a tiempo completo y tenía las manos llenas con las pequeñas unidades de alquiler, que a mediados de 2005 numeraban en el rango de doce o trece. En otras palabras, estaba listo para entrar en la siguiente fase de las cosas, la fase de mantenimiento. Sin embargo, fui adicta al juego de bienes raíces. Ahora tenía varias inmobiliarias a mi disposición y continué a buscar casas de alto rango. Sentía que las casas sólo podían seguir aumentando de precio y que yo no podía salir mal ya que ellas eran subvaloradas en términos del precio de venta vs. el valor de tasación. En 2006, poseía individualmente cuatro o cinco casas de lujo. Había tenido éxito en encontrar a inquilinos para cada una de ellas y tener los ingresos de alquiler ser aproximadamente iguales al pago de la hipoteca en cada una (a veces un poco más, a veces un poco menos). Sentía que incluso si no ganaba cualquier flujo de efectivo ("*cash flow*") en cualquiera de ellas, estaría bien al considerar que compré cada una por un buen precio y que planeaba poder venderlas en algún momento para un lucro saludable.

En 2007, sin embargo, comencé a sentir el peso de los pagos de las hipotecas grandes, tratar con los inquilinos y supervisar los problemas de mantenimiento y reparación. Aunque sentía que cada una de ellas sería buenas inversiones a largo plazo, como el mercado de bienes raíces en San

Antonio no se sobrecalientaba como en gran parte del país, decidí empezar a deshacerme de las propiedades. Además de las viviendas de lujo que poseía en mi propio nombre (las otras propiedades de inversión menores eran en los nombres de nosotros dos), tenía una residencia y un edificio comercial en el noroeste de Florida, el último de los cuales había reabilitado y tenía en el mercado para la venta. Obviamente, tenía una "plata llena". Alisté la asistencia de diferentes inmobiliarias (nunca he sido una persona como de "poner todos los huevos en una canasta") y coloqúe cada propiedad en el mercado. Aunque mis reservas de efectivo iban disminuyéndose, todavía sentía que cada una de estas casas representaban una buena inversión, ya que lo que adeudaba en ellas era menor que el valor de tasación. Finalmente, una por una, logré deshacerme de las propiedades, entre ellas las de Florida. Despúes de tener en cuenta las tasas inmobiliarias y otros costos de cierre, la ganancia era decente pero quizás no tan extraordinaria como yo esperaba.

También empezamos a vender las pequeñas casas unifamiliares alrededor de la parte mediana de 2007. Parte de la razón de esto fue que Enrique sintió que no podría administrar completamente las propiedades ya que él también comenzó un programa de doctorado un año o dos antes y me había dicho en más de una ocasión que nunca intentó ser un dueño de propiedad a largo plazo. Su idea era usar bienes raíces como una "palanca" para catapultarnos al siguiente nivel financiero. Comenzamos a buscar inmobiliarias que serían buenas candidatas para ayudarnos a mostrar y vender estas propiedades y encontramos un par que estaban dispuestos a renunciar a la habitual 3% de la comisión, y hacerlo de 1% si simplemente podrían poner su placa comercial en el patio y exponer su nombre al público. Me he enterado que hay muchas inmobiliarias por ahí (la última vez que escuché, la ciudad de San Antonio tiene aproximadamente 8000 agentes activos), y que la competencia es feroz. Muchos están dispuestos a alistar y promover una propiedad por mucho menos que la comisión de ventas estándar de tres por ciento. Se vendieron tres de nuestros hogares más pequeños en la última parte del 2007 y un par más sobre cada uno de los próximos años. Tal como está ahora, sólo tenemos tres de las casas unifamiliares originales, (uno de los cuales Enrique ocupa actualmente, así que esencialmente dos unidades de alquiler).

Los inquilinos, por supuesto, son una bendición y tambíen una maldición. Son una bendición porque están pagando la hipoteca sobre una propiedad y quizá, si usted tiene suerte, incluso proporcionarle un poco de flujo de efectivo. Sin embargo, son una maldición en casi cualquier otra forma. En términos generales, con pocas excepciones, he encontrado que a muchos inquilinos realmente no les importa mucho su propiedad y son capaces de destruirla y esperar que usted arregle las cosas que muchas veces ellos rompieron (directa o indirectamente a través de la negligencia y el abuso). Después de tratar con los inquilinos durante más de siete años, puedo decir que he visto algo de lo peor de la naturaleza humana. Aunque muchos inquilinos son personas decentes, hay suficiente del mal tipo como para darle pausa para la reflexión a cualquier propietario potencial.

En mi mente, los inquilinos se adhieren al fenómeno de la "curva de campana" que describe con exactitud mucho de lo que ocurre en la naturaleza y la sociedad. Si no son conscientes de la curva de campana, afirma que la mayoría de lo que se mide cae dentro de la mayor parte de la curva, lo que indica que son algo típico o el promedio. Uno de los lados de la curva tiene unas muestras que realmente están por encima de la media o excepcionales. Sin embargo, al otro lado de la curva, tiene exactamente el opuesto--muestras que están por debajo del promedio. ¿Cómo se aplica entonces a los inquilinos? De lo que he observado, la mayoría de los inquilinos son acerca del promedio. No hacen mucho para mantener la propiedad, pero tampoco la destruyen activamente. Normalmente pagan el alquiler correctamente, pero puede que tenga que seguir detrás de ellos en alguna ocasión. Estimo que esto representa aproximadamente el 80% de los inquilinos que va a encontrar un dueño. Otro 10% será superior a la media y saldrán fuera de su camino para mantener la propiedad, pagar el alquiler antes de la fecha límite, etc.. En otras palabras, tratan la propiedad como si fuera de ellos. El restante 10%, sin embargo, están por debajo de la media. Este tipo de inquilino destruye y

23

generalmente causa caos en la propiedad. No pagan alquiler correctamente y se verá obligado a perseguirlos, amenazarlos con "Avisos de Tres Días" (el primer paso hacia el desalojo) y en fin, son un dolor de cabeza que no se puede esperar para ver salir.

Hay una familia de inquilinos que viene a la mente que debe espantar cualquier inversionista de propiedad potencial que están indecisos sobre el alquiler de propiedad. Enrique y y yo teníamos una familia en la primera parte del 2006 a entrar en una de nuestras casas de tres dormitorios y dos baños que fue una de las primeras que adquirimos él y yo. Era una pareja de edad mayor con una hija de unos 20 y picos años que también tenía un niño pequeño. Eran muy agradables y agradecían que estábamos dispuestos a dejarlos a rentar la casa. De hecho, como inquilinos, eran decentes para la mayoría de su tiempo con nosotros. Sin embargo, con frecuencia entregaban tarde el pago y al final tuvieron que empezar a "dividir" el alquiler; en otras palabras, pagando la mitad al principio del mes y la otra mitad un par de semanas más tarde. Por cierto, como una nota al margen, he encontrado de que cuando un inquilino tiene que empezar a pagar alquiler así, normalmente es un signo de que el final está cerca.

Alrededor de junio de 2007, la esposa llamó a Enrique y le dijo que ellos tenían problemas (parecían tener un sinfín de problemas--con sus hijos, salud, pago de Seguridad Social, etc.) y no estarían capaces de pagar el alquiler hasta más tarde en el mes. Estábamos casi al final de nuestra paciencia con ellos de todas formas así que Enrique finalmente les dio un "aviso de tres días" para pagar o salir, que como he mencionado, es esencialmente el primer paso hacia el desalojo. En el negocio de alquiler, tienes que asesorar a los inquilinos por escrito que tienen tres días para pagar el alquiler o encarar las consecuencias, lo que significa que usted está legalmente capaz de presentar un aviso de desalojo con la policía.

Siempre fue difícil tratar con ellos porque la esposa siempre comenzaría a llorar en el teléfono con Enrique. En nuestras mentes, era una estratagema para ganar simpatía. Él y yo éramos ambos bastante sensible para ser dueños de propriedad; sin embargo, uno se endurece rápidamente en el negocio de alquiler. Llegó hasta el punto (mucho más allá de los primeros tres días) donde Enrique les dijo que no tenía más remedio que presentar un aviso de desalojo. Al parecer no estaban en casa durante este tiempo debido a su crisis familiar del momento, lo que fuera. Enrique y yo manejamos a la propiedad para darle una mirada y evaluar la situación.

Cuando llegamos, encontramos la puerta del garaje ¾ cerrada, pero por debajo podríamos ver que el garaje estaba lleno de desorden aleatorio. Cuando abrimos la puerta del garaje, descubrimos el garaje todo lleno de basura y desorden--ropa, juguetes y muebles antiguos, cuadros, documentos, revistas viejas, libros, etc.--literalmente desde el piso hasta el techo. De hecho, tuvimos que despejar un camino para acceder a la puerta del garaje a la cocina. Una vez dentro, estábamos casi superados con hedor y la visión de la putrefacción de alimentos, heces de perro en la alfombra, comida para gatos en el suelo y basura y suciedad general en toda la casa. Porque no había ningún mueble, sólo basura, la suposición lógica era que la familia había decidido abandonar la propiedad. Esto es realmente algo común después de que un dueño de propriedad emita (o amenaza emitir) un aviso de día tres. Los inquilinos reciben la nota y por supuesto no desean acudir a los tribunales, empacan hasta lo que pueden y se van "por la oscuridad de la noche". Después de evaluar la situación, nos dimos cuenta de que tendríamos que empezar a tomar el asunto en nuestras propias manos. Sin embargo, esto era algo que pudieramos hacer solos.

Habíamos alquilado a una familia hispana en una de nuestras otras propiedades desde principios de 2005. Siempre habían luchado con el alquiler, pero una cosa que siempre hacían era ayudarnos a limpiar y arreglar las propiedades. El esposo, Johnny, fue muy útil y su esposa, Marta, era una mujer muy robusta y fuerte que podría trabajar más duro que la mayoría de los hombres que conozco. Por lo que inmediatamente llamamos para informarles de la situación y cómo teníamos que empezar a limpiar. Afortunadamente, aparecieron un par de horas más tarde con suministros de limpieza, baldes y guantes de goma en la mano.

Antes de comenzar el proyecto, Enrique sabiamente decidió tomar decenas de fotos de la propiedad para documentar la destrucción que habían dejado. Una palabra sabia a todos los inversionistas de propiedad potenciales es invertir en una buena cámara digital. Es siempre una idea inteligente lo de tomar fotografías de la propiedad cuando los inquilinos destruyen o abandonan su propiedad. Después de tomar fotografías y ponerse en contacto con Johnny y Marta, Enrique les puso a trabajar. Su idea era de colocar en bolsas de basura todos los desperdicios y había comprado una caja de bolsas de basura de fuerza industrial exclusivamente para ese propósito. Luego colocarían las bolsas por el bordillo de la calle.

Después de una jornada de limpieza, llamó a los inquilinos y les reprendió por la condición de la propiedad y dijo que necesitaban venir a recoger sus restantes o dispondrían de ellos. No estaban contentos (los inquilinos nunca piensan que su lío es tan malo y nunca admiten culpabilidad), pero Enrique se quedó firme. Después de un par de días de arduo trabajo, con el hijo de Johnny y de Marta ayudando también, se quedó vacío el garaje y la mayoría de la basura estaba fuera de la casa. Había excrementos de perro en la alfombra en el dormitorio principal, por lo que terminaron tirandola y colocándola en el bordillo. Afortunadamente, Johnny tenía un camión, por lo que comenzaron a transportar las bolsas de basura y la alfombra vieja al basurero de la ciudad. Los ex-inquilinos vinieron durante las horas de la noche a recoger algunas de las bolsas de sus elementos y parecía que intentaron entrar en la casa; pero en ese momento, Enrique ya había cambiado las cerraduras de las puertas. Algunos de los vecinos con quien habló Enrique durante esos días, indicaron que el marido parecía sufrir una especie de coacción "acaparamiento" y que literalmente traía cosas a casa que encontraba en contenedores. Si usted pudiera haber visto el garaje, esta suposición tendría sentido completo. Para rematar todo, después de unos días descubrimos que había un problema grande de pulgas en la casa, así que tuvimos que nieblar la casa varias veces a matarlos a todos.

Nuestra idea era arreglar la casa para ponerla en el mercado de venta. Después de haber limpiado la casa, empezamos en la rehabilitación. Sólo decidimos ir para un tipo de arreglo cosmético, como la casa estaba esencialmente en forma decente, y realmente no queríamos poner más de una suma nominal en ella. Decidimos tener la familia de Johnny a pintar todo el interior, fijar baldosas de linóleo, enrejar el patio posterior, así como otras reparaciones cosméticas. Los tres trabajaban en ella todos los días durante tres o cuatro semanas, despúes de lo cual parecía bastante atractiva. Incluso arreglaron la puerta del garaje (al parecer no había funcionado durante varios años, y inquilinos que lo abusen no ayuda). Enrique y yo entonces decidimos ponerla en el mercado para la venta. Fue una de nuestras primeras propiedades adquiridas y había sido una ejecución hipotecaria, por lo que adeudamos menos de lo que sería el caso normal. Una de las cosas en que Enrique había trabajado también fue obtener su licencia de inmobiliaria, que nos ayudaría a comprar y vender propiedad menos costosamente. En caso de que usted no sepa, al comprar una casa, uno no paga las tarifas de las inmobiliarias. Sin embargo, al vender una casa, normalmente se paga 6% del precio de venta de la propiedad—3% para su inmobiliaria y 3% para inmobiliaria del comprador. Si nosotros pudiéramos alistarla nosotros mismos, podríamos ahorrar potencialmente varios miles de dólares por transacción.

Después de colocar la casa en el mercado para la venta, Enrique decidió trasladarse a la propiedad para cuidarla hasta que la propiedad vendiera. Hay un debate en el mundo inmobiliario sobre la mejor manera de dejar una casa cuando está en el mercado-totalmente vacía o amueblada. Si está vacía, los posibles compradores se hacen una idea de las complejidades de la distribución de la propiedad y pueden imaginar cómo podrían presentar la propiedad. Si hay muebles en la propiedad (el aspecto "vivido"), se puede sentir un poco más acogida a los posibles compradores y podría ocultar cualquiera de las imperfecciones un poco mejor. Generalmente, el consenso es a menos que tenga mobiliario muy bonito, es mejor dejar la casa vacía para los compradores. Sin embargo, en este caso, creo que Enrique quería sentarse de casa por un par de razones. En primer lugar, podría continuar a trabajar en las cosas pequeñas alrededor de la casa (siempre hay cosas para corregir en un hogar que se vende) y mantener el césped sería un poco más fácil. En segundo lugar, siempre nos había gustado esa casa y consideró que sería bueno tener la oportunidad de vivir en ella antes de que nos la vendió. La fijamos en el "valor justo de mercado" para el área--un barrio muy establecido, orientado a la familia con muchas comodidades (la piscina de la asociación de propietarios era casi de tamaño olímpico) y escuelas cercanas. Por lo tanto, es definitivamente un área conveniente para familias buscando en ese rango de precio.

Tuvimos un par de pases en la casa durante la última parte de ese verano, y después de unas seis semanas tuvimos una oferta muy cercana a lo que fue nuestro precio. Resultó ser un padre que compraba la propiedad para su hijo mientras él asistía a la Universidad en San Antonio (que eran procedentes de una zona del sureste de Texas llamado el Valle del Río Grande). Afortunadamente, el inspector principal sólo tenía un par de cosas que él quería que hicieramos a fin de seguir adelante. En octubre, cerramos el trato; Enrique rápidamente sacó sus pertenencias, y fuimos capaces de vender la propiedad para una ganancia bastante saludable (aunque un gran dolor de cabeza). Si pude apuntar a una propiedad nuestra que fue realmente el ejemplo clásico de una ejecución hipotecaria, alquila durante unos años y luego fijación compra-venta para un beneficio decente, sería ésta.

Poco después de la venta de esta casa, se produjo otro incidente--un incendio en una propiedad nuestra en la misma subdivisión. Los dueños pagamos seguro de vivienda sobre una base anual y esperamos nunca tener que utilizarlo. Sin embargo, en esta ocasión, nos quedamos muy agradecidos de que lo teníamos. Una mañana Enrique se levantó para encontrar varios mensajes en su correo de voz de teléfono celular. Después de escuchar a cada uno de ellos varias veces, entendía lo que había sucedido, había habido un incendio la noche anterior en una de nuestras propiedades. La inquilina era en sus 50, que nunca parecía estar "completa" mentalmente. Se la habíamos alquilado originalmente unos seis meses antes porque su hijo adulto llegó con ella a mirar la propiedad y estabamos bajo la impresión (o nos llevaron a creer) que los dos vivirían en el hogar. El hogar, aunque de 25 años de edad, era muy agradable y espacioso, como contaba con dos pisos con cuatro dormitorios, un garaje cerrado y una trastienda añadida.

Nos apuramos a la propiedad tan pronto como pudimos y conseguimos toda la historia de los bomberos. De acuerdo a lo declarado por el arrendatario, ella había metido helado en el microondas para descongelarlo, subió arriba y cuando ella bajó unos minutos más tarde vio llamas disparar desde la parte superior del microondas, que terminaron por quemar toda la cocina. Aunque el departamento de bomberos apagaron el fuego relativamente rápido, hubo daños de humo por toda la casa, incluso arriba. Si nunca has olido el interior de una casa después de un incendio, realmente es un olor asco, casi nauseabundo. Enrique se condujo a través de la propiedad esa noche después de todo el polvo se había asentado (literalmente y figurativamente) y fue dentro de la casa a mirar alrededor y quería que yo viniera, pero literalmente no podía soportar el hedor.

La compañía de seguros inmediatamente envió a una de las compañías de reparación y inundación de la ciudad para iniciar a destripar el hogar de fuego y comenzar las reparaciones, y nos reunimos con ellos varias veces en el transcurso de los próximos días, así como con el liquidador de seguro. Estaba claro que fue un accidente, y la compañía de seguros parecía muy cooperativa y nos llevó a través del proceso de reclamaciones. La policía y los bomberos le dijeron a ella que ya no podría permanecer en el hogar debido a preocupaciones de seguridad, por lo que realmente nunca interactuamos con ella después de ese momento excepto por teléfono un par de veces. Fue bastante traumático para todos los involucrados.

La compañía de reparación había empezado a eliminar toda la madera carbonizada y otros daños del incendio y colocarlos en un gran basurero de tamaño industrial en frente de la casa. Fueron muy eficientes y estaban dispuestos a cobrar directamente a la compañía de seguros. Después de varios meses de rehabilitación, llegamos a tener la casa como de forma anterior. En realidad, fue en mejor forma que antes porque ahora la mayoría del interior y una buena parte del exterior eran nuevos. La comprobación de reclamación de seguros salió casi exactamente al costo del proyecto de reparación. ¿Coincidencia? Le hace dudar.

La colocamos en el mercado y sorprendentemente, fuimos capaces de venderla. En realidad, la habíamos vendido a un inversor conocido nuestro que tenía planes de alquilerla de alrededor de $1500 al mes (lo máximo que habíamos podido conseguir fue alrededor de $1250). Se la vendimos a él por un buen precio ya que no estaban involucrado ningún inmobiliario, y en consecuencia, teníamos una propiedad a menos.

Alrededor de junio de 2009, algo ocurrió en una de nuestras propiedades que obligó a Enrique a tomar el asunto en sus propias manos una vez más. Una familia que vivía en una de nuestras casas de sólo dos dormitorios estuvo varias semanas tarde en la renta. Una vez más, Enrique y yo siempre hemos intentado jugar por las reglas; es decir, emitir un aviso escrito de día tres y, a continuación, presentar un desalojo formal con la justicia de paz. Como en muchos Estados, las leyes de Texas están muy a favor de los inquilinos. Enrique emitió el aviso de tres días y luego volvió varios días más tarde para tratar de hacer contacto con ellos para intentar decidir si valió la pena para presentar una notificación formal de desalojo. Hemos encontrado muchas veces que sólo la amenaza de desalojo es suficiente para convencerles a pagar. Encontró que la puerta fue desbloqueada y decidió meterse la cabeza para ver cuál era la condición de la casa. Para su sorpresa y consternación absoluta, parecía que los inquilinos habían mudado "de mitad". En otras palabras, la electricidad fue apagada y grandes piezas de mobiliario habían desaparecidos; pero hubo basura, ropa, papeles, pañales sucios, etc. esparcidos por el piso. En la cocina, habían dejado comida en el refrigerador, que ya estaba podrida y emitiendo un hedor horrible debido al calor dentro de la casa. Hubo incluso un bote sucio con guisado sobrante en la estufa. Enrique me dijo que era suficiente para hacerle querer vomitar.

Enrique y yo inmediatamente decidimos que no dejaríamos esto. Siempre nos molesta cómo la gente puede ser tan destructiva y cuidar tan poco acerca de algo que no es suya. Es sorprendente cómo los inquilinos puedan vivir así. Aunque Enrique y yo hemos sido inquilinos en diferentes puntos de nuestras vidas, la diferencia es que siempre hemos respetado la propiedad en que nos tocó vivir en el momento.

Inmediatamente fue a comprar algunas bolsas de basura de fuerza industrial y guantes de goma, volvió a la propiedad y comenzó a embolsar todo lo que pudo encontrar--ropa, platos sucios en el fregadero, juguetes de plástico en el suelo, billetes viejos, revistas, etc.. En caso de que usted no es consciente, los veranos en San Antonio son extremadamente intensos. Imagine el tipo de hedor creado en una casa sin electricidad (y por lo tanto sin aire acondicionado) durante varios días o semanas, la descomposición de alimentos en el refrigerador, vajilla sucia, ollas y sartenes en el fregadero y ropa olorosa. Ahora imagine tener que limpiar un desastre como este que usted no ha creado. Tales son las alegrías de poseer propiedad de alquiler.

Enrique trabajó continuamente durante todo el día, embolsando basura y colocando las bolsas en la acera frontal. Como no habían hecho ningún servicio de recogida de basura, él no tenía ninguna opción pero de cargar las bolsas y tomarlas a su casa para ser recogidas. Fue en ese momento, más tarde me dijo, que él decidió no alquilar la casa nuevamente. Dijo que sería mucho mejor arreglarla y vivir allí él mismo--y eso es exactamente lo que hizo. Durante el resto del verano, él y Johnny pintaron todo el interior y reemplazaron el grifo de la cocina, persianas, baños y alfombra en toda la casa. Como la mayor parte fue "patrimonio de sudor", fue capaz de hacer todo esto por unos $1500 (la alfombra y relleno en sí costaron alrededor de $800). Créame, después de eso, parecía una casa nueva. Para colmo, compró una pequeña unidad portátil de aire acondicionado para una de las ventanas para ayudar a enfriar la casa durante los meses cálidos. Después de unas seis semanas de corrección, la casa estrenaba nueva en el interior y era muy acogedora y habitable. Para colmo, el verano pasado lavó de presión la casa entera, calzada y acera frontal y luego repintó el exterior todo. También reemplazó a los grifos del baño a un grifo muy elegante tipo antiguo de latón. Ahora con una renovación total, la casa es uno que deberíamos tener por un largo tiempo.

A finales de 2009, habíamos vendido alrededor de seis propiedades. En aquel momento, contábamos con alrededor de cinco unidades de alquiler, que sintía un poco más sostenible. Enrique se reía cuando pensaba sobre qué locuras llegó allí por un tiempo con doce casas. Decía cosas como, "desperté una mañana y tenía doce casas. Fue como un mal sueño". Por supuesto, bromeaba por sólo la mitad. Es decir, el negocio de alquiler puede ser rentable, pero puede ser brutal y llevar a un hombre adulto hasta las lágrimas a veces (aunque Enrique siempre lo ha manejado muy bien). Una vez más, durante una buena parte de este tiempo estaba trabajando a tiempo completo y más tarde un estudiante a tiempo completo, así que realmente tenía que administrar su tiempo. Con tres propiedades (como actual), es más manejable, y se siente como algo que podemos sostener y conservar a largo plazo. Las que tenemos todavía son un par de las que recogimos de primera (incluyendo nuestras dos primeras, que adquirimos durante el verano de 2004) y otra a la que siempre hemos tenido un cariño. Es curioso porque realmente uno puede desarrollar una conexión con una casa, incluso si nunca vive en ella. Enrique y yo hemos tenido la oportunidad de vivir en varias de nuestras propiedades en los años, y que contribuye aún más a desarrollar esa conexión.

Hay otro punto que me gustaría hacer a cualquier inversionista y propietario potencial. En la gran mayoría de los casos, tarda mucho tiempo para construir cualquier participación en la propiedad particular. El patrimonio neto es lo que el hogar actualmente se valoriza menos su saldo pendiente. Por ejemplo, si usted tiene una casa que actualmente se evalúa por $100.000 y debe $85.000 en ella, su patrimonio neto es de US$ 15.000. Sin embargo, generalmente lleva años para construir cualquier capital significativo en una propiedad. Es más, a fin de hacer realidad un beneficio sobre la eventual venta de la propiedad, debe tener suficiente capital para compensar los literalmente miles de dólares de costos (tarifas de inmobiliarias, honorarios de la compañía de título, etc.) de cierre. Volviendo al ejemplo anterior, si se estima que hay $15.000 en patrimonio neto, realmente tiene sólo aproximadamente la mitad de esa cantidad, quizás $7500. Esto es porque al vender una propiedad, las tasas mencionadas absorberán gran parte de ese "patrimonio de papel". Aunque varía, la regla general es que debe aferrarse a una propiedad para por lo menos siete u ocho años antes de que puede acumular suficiente capital para obtener una ganancia cuando se vende. Así entonces la pregunta que debe plantearse es, "Puedo tratarme con inquilinos durante siete años o más para hacer un poco de dinero?" Aunque esto puede parecer un poco jocoso, es una cuestión muy grave que uno debe responder honestamente y cuidadosamente.

En la primavera de 2009, comencé a profundizar en un nuevo tipo de negocio de alquiler, llamado el mercado de "alquiler de lujo". En la primavera de 2008, compré un hogar muy hermoso, de 5500 piés cuadrados, estilo Mediterráneo justo al norte de San Antonio, en la base de las colinas de Texas. Aunque disfrutaba viviendo allí inmensamente, como se puede imaginar el pago de la hipoteca y el mantenimiento de la propiedad era un verdadero quebradero-de-presupuesto. A principios de 2009, conocí a una joven que me presentó a algo que yo nunca había considerado antes--el mercado de alquiler a corto plazo. Esto es un concepto relativamente nuevo y con lo cual no estábamos familiarizados ni Enrique ni yo, pero fuimos atraído rápidamente.

El concepto en sí es bastante simple. Es alquilar una propiedad para el corto plazo (generalmente desde tres noches hasta una semana) a una familia (o varias familias) y cobrar una prima para esa estancia. Las tarifas para una propiedad de primera pueden variar de $300 a más de $500 dólares o más por noche. Sin embargo, esto también representa una ganga para los invitados porque sobre una base por persona esto normalmente sale a ser significativamente inferior a lo que cobrarían un hotel por esas noches. Añadir a esto el hecho de que la familia efectivamente pueda disfrutar todos los lujos (o más) de una propiedad de primera y poder visitar mucho más libremente que en un hotel, cocinar o ver películas juntos en el televisor de pantalla grande. Mi mente estaba haciendo vueltas al imaginar cuánto dinero potencialmente pudiera hacer con esta empresa. La única pega era el número de personas que podrían estar en la casa en cualquier momento dado. Aunque hemos puesto un límite de capacidad de diez personas, incluso este número le cuesta al sistema de fontanería (como vendría para averiguar a raudales durante el primer verano) y desgaste general. Sin dejar de mencionar el hecho de que mucha gente subrepticiamente intentará ponerle en la casa más de la cantidad permitida de invitados. Por lo tanto, supongo que hay un inconveniente, al igual que con todo lo demás en la vida.

La joven que inicialmente me contó acerca de la oportunidad también me ayudó a colocar la casa en uno de varios sitios Web dedicados al negocio de alquiler de vacaciones, así como desarrollar un sitio Web independiente exclusivamente de mi propiedad. Fue relativamente fácil de hacer, y Enrique y yo fuimos impresionados con cuántas propiedades estaban disponibles para el alquiler a corto plazo. De hecho, hay cientos solo en el estado de Texas, con literalmente miles a través de los Estados Unidos e incluso internacional. En realidad, Enrique recordó que él y su familia se quedaron en una casa de playa que habían alquilado a corto plazo cuando su hermano se casó. Por lo tanto, teníamos un poco de precedente para hacerlo.

Diseñamos un formulario de solicitud de alquiler y obtuvimos un número de fax que enviaría faxes directamente a mi correo electrónico. Ya tenía la posibilidad de aceptar tarjetas de crédito porque tenía cuentas mercantiles de tarjeta de crédito en mis tiendas. Pedimos que las empresas abrieran una cuenta dedicada para mi nuevo negocio de alquiler de lujo. Poco después de que teníamos la propiedad en el sitio Web, comencé a recibir aplicaciones. De hecho, las aplicaciones literalmente comenzaron a inundar. Yo diría que recibí seis o siete de ellas dentro de las dos primeras semanas del registro de la propiedad. Generalmente las reservas serían una ranura de tiempo de seis meses y pico de antemano, como los futuros invitados estarían planificando escapadas corporativas, reuniones familiares o vacaciones de verano procedente del otro lado del país.

Aunque la idea de vacaciones de lujo era relativamente simple, la puesta en práctica desde un punto de vista logístico era bastante difícil. Por consejo del diseñador web, pedí un depósito de $500 mediante tarjeta de crédito cuando el futuro huésped presentara la solicitud. Esta cantidad era para disuadir a alguien de hacer una reserva frívola, así como para tener algún tipo de indemnización por los daños a la propiedad. Experimenté con deducir el importe del depósito desde el saldo (en otras palabras, si la factura total era $3500, entonces simplemente se debería $3000 después del depósito). En ese sentido, realmente no habría ningún tipo de indemnización por daños a la propiedad. También utilizaba el depósito en el sentido tradicional de indemnización y les reembolsaba

$500 (menos perjuicios) aproximadamente una semana después de que partieran. Ambos métodos tenían sus ventajas y desventajas, y nunca llegué a una conclusión de que era el mejor método. El primero era mucho más fácil de maniobrar, mientras este último más me protegió.

Como podría esperarse, los invitados que se alojan en un alquiler de lujo y pagan "dólar superior" son en su mayor parte bastante exigentes. Normalmente esperan a que todo sea simplemente perfecto--desde la disposición de los muebles a cuántas toallas están en cada uno de los baños. Inicialmente contraté a dos hermanas que vivían en la zona y que tenía muchos años de experiencia de limpieza. Uno de los problemas fue que la casa era simplemente tan grande-- hay cinco dormitorios, cuatro baños, una sala de cine y un salón de juegos, sin mencionar los dos patios. Eso sería mucho para cualquier persona, y generalmente tenía que empujarles duro para que le dieran a la casa lo que yo llamo una "limpieza profunda" (limpieza de sumideros y bañeras, encerado de pisos, aceitando de gabinetes, etc.) en vez de tan solo una limpieza superficial (pasar la aspiradora, quitar el polvo, etc.). Aunque les pagaba bien (alrededor de $250 por cada limpieza), siempre parecían estar descontentas con el trato. Mi teoría es que estaban trabajando y siendo mandadas por un inmigrante asiático que parecía ser mucho más éxitosa en la vida. Por lo tanto, siempre hubo fricción allí. Repentinamente vendrían un día antes de que algunos invitados fueran a llegar. Cuando las dos hermanas no aparecieron, me vi obligada a limpiar la casa yo misma antes de que los invitados llegaran. Sólo fue más tarde a través de rumores que descubrí que les caía bien. Pasé por varios otros ayudantes pero nunca encontré a nadie con quien estaba completamente satisfecha.

Otra cuestión de gran planificación logística era de cuando las personas podían llegar y salir. Como ya he mencionado, durante la primera semana o dos de publicidad, recibí solicitudes de siete u ocho clientes, y a finales de mayo, ya tuve literalmente todo el verano reservado, a veces con un grupo de retirar por la mañana y otro al llegar por la tarde. Obviamente, esto requiere planificación tremenda, no sólo en la casa preparándose para la próxima llegada, sino también en la aceptación de las aplicaciones. En otras palabras, evitar una "reserva doble" (tener una superposición en las fechas) fue una preocupación constante. En el sitio Web, un calendario mostraba cuáles fechas estaban disponibles en cualquier momento dado. Tomaba mucho cuidado para no hacerles a las huéspedes una reserva doble, y creo que esto puede haber ocurrido sólo una o dos veces (lo cual es suficiente!). Sin embargo, en los días que tenía invitados de "*back to back*" (una salida y llegada en el mismo dia), estaba realmente bajo presión increíble para limpiar la casa y prepararla para el siguiente grupo en llegar. Durante mi segundo verano de alquiler de lujo, trataba de no hacer las reservas así, pero a veces es inevitable--invitados quieren venir cuando tengan ganas de venir. Así sucesivamente en estos tipos de días, tuve que conseguir quien me ayudaba rápidamente en la casa y en las tareas.

Una vez que me di cuenta de cuánto dinero podía hacer con este negocio, me enganché. Sin embargo, hubo un pequeño problema--¿dónde mi familia y yo viviríamos durante los días cuando los huéspedes estaban allí? Después de examinar las posibilidades, decidí alquilar un apartamento en un complejo nuevo más hacia la ciudad. Aunque esto era algo de un sacrificio, tanto financieramente como psicológicamente, parecía trabajar relativamente bien. Durante los meses de verano, tenía la propiedad alquilada aproximadamente cinco noches a la semana (los grupos permanecían al menos tres o cuatro noches, con dos noches siendo mi mínimo). En esas noches obviamente tendríamos que ir al apartamento. Sin embargo, la casa estaba vacante lo suficiente como para que podíamos volver ocasionalmente y experimentar la sensación de "ahhhh!" como si regresar a casa después de un viaje de algún tipo. Fuera de los meses pico, sólo teníamos quizás dos invitados al mes, por lo que no fue un problema tan grande. De hecho, una de las grandes cosas sobre el sitio Web de alquiler de lujo era que podía bloquear las fechas que quería reservar para mí, como alrededor del Dia de Acción de Gracias y Navidad. Alguién buscando esas fechas sólo vería que estos no estaban disponibles, no necesariamente que en verdad yo estaba quedandome allí. Por lo tanto, retuve el control completo sobre cuando quería alquilar la propiedad.

Aunque la operación fue muy rentable, no fue sin dolor de cabeza. Uno de los principales problemas fue con La Asociación de Propietarios (en inglés, *HOA*). Como se puede imaginar, no les gusta la idea de alquilar la propiedad como esta. Hice un buen trabajo de permanecer fuera de su radar, aunque no me di cuenta que estaba haciendo algo malo en el momento por alquilar la casa. Sin embargo, varios incidentes con vecinos llamaron su atención. Uno de los más memorables fue un incidente que ocurrió con el tanque séptico (como estamos fuera de los límites de la ciudad, no hay ningún sistema de alcantarillado de la ciudad). Como mencioné anteriormente, uno de los retos que se enfrenta cuando llegue un grupo es asegurar que no hay más de diez personas en el hogar. Yo sentía que esto colocaría estrés excesivo sobre el sistema de plomería y otros aspectos de desgaste. Sin embargo, asegurándose de que el número no pasara diez no era una tarea fácil. Un grupo, alegando tener a nueve o diez invitados, realmente tenía algo en el orden de 18 o 19. En otras palabras, personas durmiendo en el suelo, en los sillones, etc. Esto fue sin duda abrumador para el sistema de fontanería del hogar, a pesar del tamaño del hogar y el número de baños.

Después de un día o dos, la fosa séptica comenzó a sonar ruidosamente, indicando que necesitaba mantenimiento. Entonces comenzó a desbordar con desechos humanos en el patio del vecino! Una vez que me di cuenta de la situación, inmediatamente llamé a un servicio de tanque séptico. El técnico me dijo que el tanque empezó a actuar así porque estaba completamente abrumado y lleno, sin duda en gran parte a las casi veinte personas utilizando los baños durante un período de varios días. Afortunadamente, el grupo permaneció sólo tres noches. Obviamente, me quedé con su depósito, aunque tuvieron el descaro de enojarse conmigo para no devolverlo. Sin embargo, recibí una carta desagradable de la *HOA*. Aunque sentía que necesitaba honrar a las reservas que ya estaban programadas para el resto del verano, yo no hice ninguna reserva nueva para el resto del año y fui muy cuidadosa en cuanto a control de calidad con el resto de los invitados que tuve.

El segundo año, las cosas parecían ir un poco más suave, como ahora tenía un año de la empresa de alquiler de lujo bajo mi cinturón y como que durante el invierno había tenido la oportunidad de analizar mis traspiés anteriores y aprender de ellos. Como he mencionado anteriormente, ya no utilizaba las "dos hermanas"--al parecer se pusieron molestas conmigo porque sentían que estaba aprovechandome de ellas (pagandoles *sólo* $250 para una limpieza). Afortunadamente, fui capaz de encontrar alguien para ayudarme y parecía funcionar bien. Sin embargo, fue sólo una persona y trabajaba bastante más lenta y sentía que tenía que supervisarle mucho más. Por otro lado, sin embargo, ella tenía una buena actitud y me ayudaba con otras cosas que necesitaba, como recoger pequeñas cosas para la casa en el supermercado en días que esperábamos a invitados. Además, aprendí a bloquear un día en el calendario entre invitados, una especie de "día de intermedio". Trataba de evitar el estrés de tener a invitados saliendo y llegando en el mismo día. Sentir que no tenía que conformarme con los días de pedido realmente bajó mi nivel de estrés. No sentía que estaba bajo tanta presión porque siempre existía la posibilidad de que mi ayuda de limpieza no aparecería durante estos tiempos, que me pondría en un grave aprieto.

Con todo, yo diría que para aquellos propietarios que cumplen con ciertos criterios (por ejemplo, tienen una propiedad más agradable que desean alquilar, hay ayuda disponible, no le tienen miedo a la publicidad en internet y están dispuestos a trabajar muy de cerca con todo), alquiler de lujo puede ser un negocio muy lucrativo. Nuevamente, de las tasas que he visto en los últimos años, incluso una propiedad nivel intermedio puede comandar entre $100 a $250 por noche, con las propiedades del extremo superior capaces de comandar más de $400 por noche. Sin embargo, como cualquier negocio, requerirá planificación suficiente y una mentalidad correcta. Si este tipo de negocio le llama a usted, le animo a hacer algunas investigaciones en internet para averiguar más acerca de él. Además, yo recomendaría ir con uno de varios sitios web más conocidos que cuentan con la mayoría de los anuncios y, por tanto, el tráfico de cliente.

Como ya termina esta sección sobre bienes raíces, me gustaría dejarle con algunas reflexiones finales. Algunos inversores "*hard-core*" le dirá que usted nunca debe desarrollar cualquier emoción con sus propiedades, pero esto es difícil--y quién puede decir que es realmente malo? Es decir, un inmueble de inversión es diferente de una inversión de papel, como una acción de bolsa o un fondo mutuo. He tenido fondos mutuos que he vendido o reajustado porque habían estado de bajo *performance* o ya no cabían en mis necesidades y, a continuación, no los dí un segundo pensamiento. Sin embargo, una propiedad es algo en que puede caminar, vivir, hacer recuerdos, etc. y pueden ser muy rentables (aunque es una cantidad enorme de trabajo y responsabilidad). Si usted siente una conexión con una propiedad, puede ser más motivado para cuidar de ella, alentar a sus inquilinos a cuidar de ella y conservarla a largo plazo. Sin embargo, por supuesto debe utilizar su sentido común y seguir el viejo adagio de "todo con moderación". No quiero exagerar en la arreglo de la propiedad entre inquilinos o comprarles aparatos caros, porque es muy probable que no cuidarán de ellos. Sin embargo, se desea encontrar ese equilibrio entre mantener la propiedad adecuadamente y hacerla sentir más lujosa que tiene que ser. Recuerde que una buena capa de pintura y una limpieza de alfombras profesional irán lejos en hacerle habitable a la propiedad y mantenerles contentos a los inquilinos sin quebrar el banco en el proceso.

Capítulo III
Consejos sobre Bienes Raíces

Inmobiliaria puede ser muy rentable, pero no es tan fácil como los infomerciales de inmobiliario quieren que usted crea. Quiero dejarle con algo tangible desde mis años en el negocio inmobiliario, y así le presento algunas ideas que yo he destilado con respecto a qué hacer (y no hacer) basado en mis experiencias. Así pues, los siguientes son mis " primeros diez consejos para invertir en bienes raíces."

1. *Agregue propiedades lentamente.* Esto es un error que Enrique y yo probablemente cometimos y que nos perjudicó en el largo plazo. Durante nuestra fase de adquisición desde mediados de 2004 hasta la primavera de 2005, cerramos en doce propiedades--más de una por mes. Fue una sensación embriagadora, cuanto menos, recogiendo propiedades a este ritmo y viendo nuestro patrimonio neto, al menos sobre el papel, aumentar dramaticamente. Enrique, quien ha tenido un hábito de calcular su patrimonio neto particular al final de cada año, dijo que vio su patrimonio aumentar más de

$100.000 debido al patimonio que calculamos que teníamos en las propiedades. Sin embargo, hubo un par de cosas equivocadas con este enfoque. Aunque sobre el papel este pueda haber sido cierto, el patrimonio en las propiedades estaba lejos de ser algo seguro. Es decir, habríamos tenido que vender las propiedades individuales antes de realizar esta capital. Estos cálculos pueden lucir bellos en el papel, pero el mercado inmobiliario es relativamente ilíquido (es difícil convertirse en efectivo). Por lo tanto, hay que calcular su capital basado en las recientes ventas comparables de propiedades similares en esa zona. Sin embargo, cuando llega el momento de vender su propiedad respectiva, innumerables cosas pueden determinar si usted tiene éxito en la venta de la propiedad por el precio que se había previsto desde el principio. A pesar de que San Antonio es conocido por tener un mercado inmobiliario relativamente estable, poner una propiedad en el mercado y venderla al precio deseado implican muchos factores y mucha suerte.

Una cosa que comprometió nuestro esfuerzo fue el hecho de que nunca antes habíamos sido dueños de propiedad. Tales factores como tratarnos con inquilinos, la recogida de alquiler, el mantenimiento de propiedades, etc. eran cosas que nunca antes nos habíamos tratado. Aunque los padres de Enrique poseían propiedades de alquiler en su ciudad natal desde antes de que él nació, nunca había tomado un interés en ello mientras crecía. Así que imagínese-- ir desde cero de experiencia en tratarnos con este tipo de cosa a poseer doce propiedades en menos de un año. En otras palabras, hubo una gran curva de aprendizaje. Enrique y yo aprendimos muy rápidamente (aunque hicimos muchos errores en el camino), pero al final encontramos que simplemente era demasiado. Yo siempre estaba más interesada en salir a buscar y comprar aún más propiedad y no me interesaba mantener las que ya poseía.

Reflexionando sobre él, lamento el no haber ayudado más en el mantenimiento cotidiano de las propiedades y tratar con los inquilinos. Para su crédito, Enrique lo manejaba extremadamente bien. Creo que puderiamos habernos quedado con más de las propiedades para un período más largo si hubieramos añadido propiedades más lentamente y por lo tanto tenido una curva de aprendizaje más manejable. En retrospectiva, acepto toda la responsabilidad por este error, como empujaba a que recogieramos más y más propiedades.

2. *Aprenda todo lo posible desde libros y cursos, pero esté dispuesto a hacer cambios y adaptarse.* Cuando Enrique y yo comenzamos a profundizarnos en bienes raíces, escuchaba a uno de los cursos de inmobiliaria popular repetidamente en mi coche mientras manejaba alrededor de la ciudad. Fue uno de los cursos en la TV de noche durante este tiempo; venía con un libro y un conjunto de CDs. La forma en que nos metimos en bienes raíces fue en primero a través de una clase de negocios que Enrique enseñó en una universidad local. Un requisito de curso que Enrique siempre

pedía de sus alumnos era un proyecto final. Uno de los estudiantes hizo el suyo sobre inmobiliario y trajo el curso a clase para mostrar a todo el mundo. Enrique expresó su interés y le dio literalmente (le dijo que lo había recibido el año anterior y nunca había hecho nada con él). Lo escuchaba, me lo pasó a mí y el resto es historia.

Después de escuchar los CDs repetidamente durante un período de varios meses (y continuando aun cuando comenzamos a adquirir propiedades), sentía que tenía una base sólida en los fundamentos de la inversión inmobiliaria. Como se trata de principios a mediados de la década de 2000, era muy fácil obtener préstamos. Los bancos prestaban muy fácilmente y rápidamente, a diferencia de las actuales condiciones de préstamo como de 2012 con el mercado débil. Por lo tanto, pudimos adquirir propiedades muy rápidamente. Aunque el conocimiento de libro que recogía en general y a través de este curso en particular nos sirvió bien, definitivamente enfrentamos una pronunciada curva de aprendizaje como avanzábamos a través de la fase de adquisición y, a continuación, en la fase de mantenimiento de las cosas.

Siempre he reflejado en las cosas que he leído y escuchado en la literatura actual en las revistas de finanzas personales populares sobre el tema, pero siempre trato de recordar que la realidad puede ser (y a menudo *es*) un poco diferente. Es decir, hemos tenido que mantener una mente abierta y recordar que los principios básicos de la inversión inmobiliaria tenían que ser modificables de acuerdo a nuestro mercado local específico y nuestras circunstancias particulares. En general, hemos hecho un trabajo formidable en este sentido. Tengo varios conocidos que también estudiaron cursos de inmuebles similares, pero no tenían el mismo nivel de logro. Aunque no puedo estar segura, sospecho que una de las razones por esta falta de éxito fue su incapacidad para hacer la traducción de los conocimientos de audio y libro a la aplicación de ese conocimiento y el enfoque flexible que muchas veces esto conlleva. Les animo a aprender todo lo que pueda sobre bienes raíces o cualquier campo que le interese, pero también a mantener una mentalidad flexible. Es ser consciente de que independientemente de cuánto cree que sabe, siempre habrá retos a superar.

3. *Pague sus hipotecas con prontitud y no retrase.* Este hábito le servirá bien a lo largo de su carrera de inversiónista de propiedad. Es muy fácil de recaudar los ingresos de alquiler para el mes y luego no pagar todos sus pagos de hipoteca--en otras palabras, hacer otra cosa con ese dinero (muchas veces en cosas que nada tienen que ver con las propiedades). Sin embargo, esto no le traerá nada sino la angustia y la frustración en su búsqueda de mantener las propiedades en el mediano y largo plazo. Siempre se puede intentar recuperarse con sus pagos de hipoteca, pero no es una buena idea. En primer lugar, la compañía hipotecaria va a cobrarle tasas adicionales. Estos pueden ser de $20 a $40

por mes dependiendo del servicio de hipoteca y el importe de la hipoteca. En segundo lugar, si son más de treinta días tarde (ya pasando el mes corriente), les informan a los burós de crédito, que va a dejar una marca negativa que tendrá una duración de hasta siete años. Es increíble, pero he venido a aprender que incluso una morosidad en algo como esto puede tener un gran (y en mi opinión una desproporcionada) impacto sobre su calificación de crédito, derribandolo de 20 a 50 puntos. Aunque cree que su puntaje de crédito no influya en su vida cotidiana, de hecho sí lo hace. Puede afectar a la facilidad con que usted adquiere propiedades en el futuro, su tasa de interés, su capacidad para adquirir nuevas tarjetas de crédito y su capacidad para obtener un préstamo de coche o cualquier otro tipo de crédito de consumidor. Incluso si tiene una tarjeta de crédito, la empresa puede elevar su tasa de interés debido a la percepción de mayor riesgo (tienen el derecho de subirla en cualquier momento).

En tercer lugar, es muy difícil traer al corriente a estos pagos perdidos, aunque no parecen grandes. Piense en el siguiente escenario--imaginemos que su pago mensual de una propiedad es de $600. Su auto se rompe un mes, y siente que tiene que utilizar el dinero del alquiler de la propiedad para arreglar su coche. Ahora, al mes siguiente, tiene que pagar no sólo los $600 para el mes actual, sino el pago de $600 del mes anterior para un total de $1200 (más las tasas adicionales). ¿Dónde podría obtener el dinero para pagar esta cantidad si ya está luchando para pagar el pago de la hipoteca de un mes? Hágase un favor y manténgase al corriente con sus pagos de hipoteca. Debe tener un fondo de "día lluvioso" para sus gastos personales inesperados. Déje que el dinero de alquiler vaya exclusivamente hacia los pagos de hipoteca.

4. *Si usted tiene un problema, asegúrese de informarle a su compañía hipotecaria.* Esto se remonta a la lección anterior. Si se encuentra en un aprieto por cualquier motivo, asegúrese de comunicar su problema a la compañía hipotecaria. Muchas personas (yo incluida) se sienten tímidas a llamar y hablar con su compañía hipotecaria, porque para ser honesta, es una experiencia algo desagradable. Siempre le leen varias renuncias legales informándole que son coleccionistas de deuda y que cualquier información que usted proporcione puede utilizarse para ese propósito. ¿Quién quiere hablar con alguien así? Sin embargo, es imperativo hablar con ellos a veces. Sin embargo, tal vez no sea necesario si sólo va a ser un par de semanas (o quizás un mes) tarde, porque le presentarán un informe tardía a los burós de crédito independientemente de si se comunica con ellos o no. Sin embargo, una vez que se pasa alrededor del punto de dos meses de ser delincuentes, definitivamente le conviene estar en contacto. Tiene que estar más de 90 días tarde para ser susceptible a los procedimientos de ejecución hipotecaria. Aunque el processo de *"pre-foreclosure"* (el período justo

antes de la ejecución hipotecaria) no necesariamente se iniciaría en el día 91, usted está expuesto a la posibilidad después de este punto. Por lo tanto, si está un mes tarde pero captura rápidamente, no puede haber ninguna razón para hablar con servicio al cliente en la compañía de hipoteca. Sin embargo, la conclusión es que quieren que sea capaz de hacer su pago mensual, ya que también está en el mejor interés de ellos.

En esta era de las finanzas modernas, en la mayoría de los casos los administradores de hipoteca (la gente que envía su compruebe mensual) no son los ultimos dueños o titulares de su hipoteca. Con frecuencia, una vez que la hipoteca es "originada", los administradores venden la hipoteca a un banco de inversiones de algún tipo. El banco entonces la empaqueta con otras hipotecas similares y luego se les venden a los inversores como bonos llamados "obligaciones de deuda colateralizada" (*CDO* en inglés). Fondos de pensiones, fondos de jubilación y otros vehículos de inversión, a continuación, mantienen estos bonos. En otras palabras, su hipoteca es una obligación financiera que se compra y se vende en el mercado abierto. La empresa que parece ser el titular de su hipoteca en realidad sólo recoge el dinero cada mes. La compañía ya desde hace mucho tiempo "vendió" su hipoteca, recibió dinero por ella, y ahora sólo toca un papel relativamente pequeño en la vida de su hipoteca.

Esta es una de las razones de la más reciente crisis financiera. Prestamistas hicieron muchos préstamos que no debían porque sabían que poco tiempo después de hacer los préstamos hipotecarios, se desprenderían de ellos. Así, en verdad, corren un riesgo mínimo en todo el proceso de la hipoteca. El último portador de riesgo eran los inversionistas que compraban los bonos, que estaban compuestos por no sólo una pequeña parte de su hipoteca, pero también pequeñas porciones de miles de otras hipotecas similares. Muchas veces los prestamistas fueron recompensados por hacer préstamos más riesgosas debido a que la tasa de interés para el prestatario (y en última instancia el pago para el titular del bono) sería más alto. Estos préstamos también quizás podrían implicar otras prácticas de préstamos abusivas, como préstamos de "sólo interés" en que el principal de la hipoteca (la cantidad que realmente se presta para el hogar) literalmente nunca es reducido--el prestatario paga sólo el interés de la hipoteca cada mes. En mi opinión, esto es malo en su forma más pura.

En suma, no vea la compañía hipotecaria (o "administradores" como son muchas veces referidos) como su amigo. Son un colector de deuda, y le informará como delincuente si lleva más de treinta días de retraso y le acosarán con cartas y llamadas telefónicas, especialmente del pasado el punto de sesenta días. Sin embargo, a menos que va a pagar por completo su propiedad, son inevitables y una entidad con que debe convivir. El mejor curso de acción es pagar su hipoteca con prontitud antes el 15 del mes a fin de evitar a cualquier tipo de tasas finales posibles.

5. *Vaya por sus declaraciones mensuales con un "peine de dientes finos".* Sus declaraciones de hipoteca son su principal fuente de información mensual sobre su propiedad. Normalmente es una declaración muy detallada que entre otras cosas, le proporciona el saldo principal, tasa de interés actual y saldo de depósito de garantía, que es la cantidad que tiene en reserva para cubrir impuestos de propiedad y seguros. Siempre hemos mantenido un archivo en cada una de nuestras propiedades, y esto es algo que siempre guardo para la duración de vida de nuestra propiedad.

Además de esta información primaria, la declaración de hipoteca también indicará cuando se recibió el último pago, cuanto iba al principal vs. interés vs. depósito de garantía, y si hubo algún cargo adicional. Aunque la mayor parte del tiempo toda esta información es correcta, siempre deseará a sentarse y ir por todo esto para comprobar si hay errores, cambios en las tasas de interés (si tiene una hipoteca de tasa ajustable) o cantidades de depósito de garantía. Incluso si la tasa de interés es fija, la cantidad que es extraída de depósito de garantía puede variar de año a año dependiendo de las proyecciones de la compañía de hipoteca de impuestos sobre la propiedad y las tasas de seguros de vivienda el próximo año. Además, estar al acecho de cualquier diversos recargos que los administradores pueden haber evaluado, especialmente si ha tenido la mala suerte de retrasar en sus pagos.

Si usted envia el pago después del 15 de cada mes, normalmente las compañías hipotecarias empezarán a cobrar tasas de recargo bastante nominales, pero si llega a más allá del punto de 60 o 90 días, habrá unas tarifas muy altas relacionadas con actividades de tipo "pre-ejecución". Pre-ejecución es un período en el cual están preparando potencialmente a tener su propiedad en ejecución hipotecaria (que es un proceso muy largo) pero durante el que puede traerle el préstamo al corriente. Desde mi experiencia, esto es normalmente en el rango de los 90 a 120 días. Todo hasta 90 días es generalmente seguro de cualquier peligro de demanda, pero empezarán a cobrarle todo tipo de gastos diversos, que aparecerán en tu extracto mensual. Sin embargo, después de 120 días, están en territorio de ejecución hipotecaria y generalmente require tratarse con el departamento de "mitigación de pérdida" para salvar la propiedad.

La conclusión es que las compañías hipotecarias cometen errores, al igual que cualquier otro negocio. Normalmente se tratan con cientos de miles a literalmente millones de hipotecas (en el caso de los grandes bancos nacionales), por lo que pueden ocurrir errores, aunque son relativamente raros. Sin embargo, incluso si no hay ningún error, es en su interés para mantenerse al día con la publicación mensual de sus declaraciones a fin de enterarse de cualquier seguimiento de pendientes, montos de depósito de garantía, cantidad a principal (que debe aumentar através de los años de tener a la propiedad), y otras dados claves relacionados con sus propiedades. Además, cúantas más propiedades usted tiene, más vital es mantenerse corriente con estas declaraciones y archivarlas en sus carpetas de propiedad respectivas para referencia futura.

6. *Está bien ser amigable con los inquilinos, pero no deje que lo confundan por debilidad.* Los inquilinos son uno de los aspectos fundamentales de su negocio de propiedad de inversión. Los ingresos de alquiler que le pagan cada mes son el alma de su negocio--sin ello, probablemente perdería sus propiedades en cuestión de unos pocos meses. Además de eso, viven en un hogar que usted ha comprado, ayudan a pagar impuestos sobre la propiedad y seguros y lo mantienen con reparaciones. Por lo tanto, hay una tendencia natural para usted como el propietario del inmueble a sentir una especie de empatía hacia ellos, especialmente si usted es por naturaleza una persona amigable y orientada a la gente. Me he sentido de esta forma hacia algunos inquilinos, especialmente aquellos que han estado con nosotros durante largos períodos de tiempo, que cuidaban excepcionalmente bien de la propiedad o que siempre pagaban el alquiler de una manera oportuna. Algunos de estos inquilinos han sido tan buenas que he querido darles regalos de Navidad, como una cesta de frutas o un pavo. Sin embargo, me alegro que no

lo hice, porque he aprendido que debemos mantener un límite con los inquilinos.

Muchos inquilinos son gente maravillosa, pero hay una "distancia de poder" entre usted como el propietario del inmueble y ellos como los inquilinos. Si comienza a tratarles demasiado como amigos o familiares, hay una gran tentación a que empiecen a pedirle favores. Estas pueden ser cosas tales como pagar alquiler tarde, pagar el alquiler en partes (la mitad a comienzos de mes y la otra mitad de mediados de mes, etc.), u otras cosas que empiezan a probar su relación y le meten en algo de una posición incómoda. Por lo tanto, he encontrado que la mejor política a seguir es mantener una relación amistosa pero ligeramente destacada con los inquilinos para el éxito a largo plazo. En otras palabras, agradable pero autorizada es recomendable.

¿Alguna vez ha tenido un jefe que trató de ser amigo de todos los empleados? ¿Si usted fuera el empleado en esa situación, cómo se sentiría? Al principio, puede ser que haya pensado que fuera divertido tener un jefe "chido". Sin embargo, despúes de transcurrir algún tiempo, probablemente sintió que no respetara a esa persona tanto como si simplemente hubiera intentado ser agradable, pero algo destacada y autoritaria. Podría decir lo mismo de la relación de inquilino-proprietario. La dinámica es muy delicada. Si usted es el propietario del inmueble, desea que el inquilino le respete el suficiente como para pagar el alquiler debidamente, sin excusas, y cuidar de la propiedad. Usted no desea que piensen que "comprenderá" si están una semana tarde con el alquiler o que "trabajará con ellos" en cuanto a dividir el alquiler de dos piezas en el transcurso del mes. Recuerde que el negocio de alquiler es un negocio como cualquier otro y aunque respete a los inquilinos como sus "clientes", usted espera que cumplan su parte del contrato (pagar alquiler a tiempo, etc.), igual que esperan que cumpla su parte.

7. *Aprenda a hacer algunas reparaciones simples usted mismo.* Un corolario de esto es también aprender lo suficiente acerca de las reparaciones más complejas (como con unidades de aire acondicionado y fontanería) para saber si alguien está intentando groseramente sobrecargar. Sin embargo, otra idea es encontrar a algúna empresa buena de manteniemiento y reparación en que confía para ayudarle con las cosas inevitables que se producirán.

Dicho esto, es vital que usted o su socio aprendan a hacer unos simples reparaciones ustedes mismos. La primera reparación "casera" que Enrique y yo aprendimos a hacer fue cambiar a las cerraduras de las puertas de las casas después de un inquilino se mudara (o cuando compramos una casa, tomamos posesión y entramos por primera vez). En realidad, uno de los mozos que nos ayudó con nuestra primera propiedad durante el verano de 2004 le mostró a Enrique cómo hacerlo, y este conocimiento nos ha servido bien a lo largo de los últimos ocho años. No puedo decirles cuántas veces ha cambiado cerraduras de casas ya que hemos hecho un hábito de siempre cambiarlas después de que un inquilino se mueve. Usted puede comprar un nuevo juego de bloqueo/cerradura en cualquier ferretería por alrededor de $20 (o un paquete múltiple de aproximadamente $35) y viene con todas las piezas necesarias y funcionamiento interno. Además, una vez que tenga un "inventario" de juegos/bloqueos, puede simplemente cambiarlos entre casas después de que alguien se mueve, para no tener que comprar unos nuevos todo el tiempo. Este pequeño trozo de conocimiento nos ha ahorrado cientos de dólares por los años, sin mencionar que nos ha proporcionado un sentido de confianza que podemos abordar los desafíos que surgen con la propiedad de inmuebles de inversión. Desde ese momento, Enrique ha aprendido también algunos puntos de fontanería básica, tales como cómo cambiar la tubería de la línea de agua en inodoros, sustituir grifería del fregadero, etc.

Sin embargo, independientemente de cuánto cree que ha aprendido en este ámbito, hay reparaciones que sólo los expertos deberán hacer. Un ejemplo de esto es el trabajo de calefacción y aire acondicionado (comúnmente conocido como *HVAC*). Estas unidades están muy avanzadas y muy técnicas. De hecho, las personas que trabajan en este campo tienen que ir a la escuela, pasar un examen final y reciben una licencia del Estado que les permite trabajar en este campo. Los sistemas son simplemente demasiado complejos para el laico intentar, aunque hay cosas que podemos hacer para ayudar a mantener los sistemas, tales como cambiar regularmente los filtros de aire. Sin embargo, a pesar de que no podemos trabajar en esos sistemas, es prudente obtener una comprensión básica de ellas para saber cuando una empresa de climatización o técnico está tratando de engañarnos. Como con cualquier cosa, después de un tiempo comienza a desarrollar un sentido de precio justo y adecuado. Por lo tanto, le animo a aprender todo lo que pueda acerca de sistemas de aire acondicionado, fontanería, etc., incluso si no cree que va a estar haciendo cualquier de este tipo de trabajo usted mismo.

El otro aspecto de esto, que mencioné anteriormente, es encontrar un buen mozo de reparaciónes. Afortunadamente, hemos tenido algunas buenos ayudantes durante los años. Johnny y su familia probablemente fueron los que más nos ayudaban, y dado que alquilaban también de nosotros, Enrique y yo sentíamos que en una manera estábamos "manteniendolo en la familia." Había muchas veces, especialmente para trabajos más grandes, en que le pagábamos con una combinación de efectivo y "crédito de alquiler" (en otras palabras, deducir el trabajo de lo que él nos adeudaba de alquiler). Esto parecía funcionar muy bien porque en algunos meses Johnny luchaba para juntar el dinero de alquilar. Él era muy bueno en arreglar las cosas y la mayoría del tiempo era muy consciente de la manera que hacía su trabajo. Él y su familia en más de una ocasión totalmente renovaron una casa y efectivamente "resusitaron" varias propiedades por mí.

8. *Mantenga buenos registros.* El acto de mantener buenos registros es una parte fundamental de cualquier estrategia de inversión y negocios (siempre hemos considerado que poseer propiedad de alquiler a una especie de híbrido entre una inversión y una empresa). Sin embargo, es esencial para ser un inversor de propiedad exitoso. Recomendaría mantener un archivo sobre cada propiedad que le pertenece y estar atento a la organización de documentos, recibos, etc. en el archivo de la propiedad correspondiente tan pronto como se obtiene.

Su historial de papeleo en una propiedad particular comienza realmente cuando se acepta una oferta de propiedad presentada. Probablemente deseará mantener esto como una especie de "fundación" al que todo lo demás está construido. Por supuesto, tendrá la dirección de propiedad completa, los compradores (y los socios), los vendedores, el precio en que usted se asentó y otra información pertinente (como las inmobiliarias involucradas). Antes de concluir, probablemente tendrá gastos, como *"earnest money"* (un tipo de depósito, generalmente alrededor de $1000, que muestra a los vendedores que usted es un comprador serio), una inspección de propiedad y otras cosas relacionadas con la debida diligencia en la propiedad. En el cierre (generalmente realizado en una compañía de títulos o un bufete que trata en bienes raíces), se remitirá cualquier dinero adicional debido y firmará una multitud de documentos, que serán compilados y presentados en una carpeta grande de algún tipo. Normalmente hemos mantenido esta carpeta aparte de los "documentos de trabajo" cotidianos de cada propiedad. En ese momento, usted naturalmente comienza a incurrir gastos diarios (y obtener recibos), aceptar solicitudes de alquiler, recoger declaraciones mensuales, etc.

Hay varias razones claves por las que desea estar seguro de mantener buenos registros. La primera es que desea poder preparar un análisis de pérdidas y ganancias en el transcurso de un mes y año. Enrique, que es muy bueno en eso de preparar registros, siempre ha mantenido una contabilidad mensual de cada propiedad, los ingresos de alquiler recogidos y los gastos incurridos durante el mes. Al final de cada mes, él puede muy fácilmente calcular la ganancia o la pérdida total y para cada propiedad específica. Si queremos calcularla para un año dado, entonces es muy fácil de hacer. En segundo lugar, uno debe informar todas estas cosas al *IRS* (el Servicio Interno de Rentas Públicas). Hay una cierta forma, *Formulário E*, utilizada para calcular los gastos y los ingresos de alquiler. Cada propiedad debe ser cotizada por separado, con los ingresos de alquiler por el año, y luego una lista de gastos también tenida en cuenta, conduciendo en última instancia a las ganancias o pérdidas para cada propiedad y la cartera general de propiedad de inversión. Hemos encontrado que inmuebles de inversión son un buen "escudo fiscal", como depreciación puede también puede ser deducida (aunque en última instancia debe justificarse cuando se vende la propiedad). Interés hipotecario también pueden deducirse, y recibirá una declaración de impuestos de cada una de sus compañías de hipoteca con el importe abonado en interés a lo largo del año. Si usted es vigilante acerca de cómo mantener recibos, preparar su declaración de impuestos (y ser capaz de deducir la cantidad adecuada) es una tarea relativamente sencilla.

9. *Conozca la ley de inquilino/propietario en su jurisdicción.* No importa cuán bien usted mantiene registros, paga sus hipotecas y se trata con los inquilinos, tendrá inevitablemente a inquilinos que prueben su paciencia por no pagar el alquiler a tiempo. Mi propio punto de vista es que si siente que un retraso en los pagos es una ocurrencia de una sola vez y que son generalmente buenos inquilinos, puede considerar darles una chance. Esto le ahorrará mucho dinero, tiempo, energía y estrés. De hecho, presentar un aviso de desalojo con el juez puede costar entre $75 y $200. Sin embargo, si parece que es un incidente recurrente o que están tratando de aprovecharse de usted, podría ser una idea acertada para seguir adelante con el proceso de desalojo.

Lo primero que debe hacer es tener una fecha firma en el contrato de arrendamiento de cuando el alquiler se debe pagar. Normalmente en los formularios de alquiler preimpresos disponibles en las tiendas tendrá una fecha ya, pero asegúrese de comprobarlo y sepa lo que es. Si no pagan por esta acordada fecha (como reconocido por sus firmas), les puede dar un aviso de tres días, aconsejándoles que deben pagar dentro de tres días o que se procederá a presentar una notificación formal de desalojo. Normalmente este aviso es suficiente para que paguen, especialmente si contiene todos los términos legales correctos. Si los inquilinos no pagan (o no intentan organizar el pago con usted), corresponde a su discreción en cuanto a si se va a proceder a la presentación. Usted tendrá que hacer algunas investigaciones para averiguar exactamente donde necesita ir en su área para presentar un aviso de desalojo, pero este es el modo general.

Una vez archivida la notificación formal de desahucio, el alguacil o juez de paz entregará una citación para que aparezcan en los tribunales sobre el asunto. Como se mencionó anteriormente, existe una buena posibilidad de que durante este tiempo los inquilinos se moverán, ya que no hay muchos que quieran acudir a los tribunales, sobre todo porque saben que están en mal. He tenido a varios inquilinos mudarse durante esta ventana de tiempo entre la presentación y la fecha de corte, que está bien conmigo. En ese punto, he renunciado a ellos como ocupantes y sólo quiero volver a empezar con nuevos inquilinos. Si este es el caso, simplemente puede contactar a la oficina que emitió la citación, indica que los ocupantes se partieron, y que le gustaría abandonar el caso. De hecho, nunca hemos tenido que acudir a los tribunales en un desalojo. Hemos estado cerca, pero siempre hemos podido cancelar la audiencia porque el inquilino se había trasladado. Así, aunque el proceso de desalojo puede ser relativamente costoso y ciertamente estresante, es una herramienta que como el propietario del inmueble puede y debe utilizar si es necesario.

10. *Recuerde que con inmuebles de inversión, es un maratón, no un sprint.* Para realizar cualquier tipo de dinero con inversiones de propiedad--excluyendo "*flips*" (compra y venta rápida) y otras técnicas de alto riesgo, que no recomiendo--tiene que darle un mínimo de cinco años, preferiblemente más. Enrique y yo hemos pasado la marca de ocho años de escribir este documento, y los que poseemos aún cuentan con una cantidad decente de patrimonio. Así que si su horizonte de inversión es inferior a un mínimo de cinco años, podría ser prudente evitar inmobiliaria. Dicho esto, entonces es necesario ver el negocio de alquiler de propiedad como un maratón y no un sprint. En otras palabras, intente mantenerse bien equilibrado en las semanas y meses de poseer una propiedad y con los problemas inevitables que surgen en el camino, como encontrar al inquilino cierto, cuestiones de reparación y asuntos con la compañía hipotecaria. Es una buena idea mantener la calma siempre que sea posible--en mi experiencia, hay muy pocas "emergencias de alquiler" de verdad. En otras palabras, trate de no dejar que la experiencia cotidiana de poseer propiedad de alquiler suba el nivel de estrés y la presión sanguínea o nunca durará a largo plazo.

¿Recuerda la historia de nuestra propiedad en que hubo un incendio? Aunque fue un *shock* al principio, yo estuve impresionada con lo calmo que estaba Enrique durante todo el proceso. Esto a su vez me hizo sentir más a gusto. Si tienes una buena póliza de seguro de vivienda en su propiedad, realmente tiene muy poco que preocuparse. Aunque siempre puede haber un problema grande de plomería, en que potenciales dueños parecen tener una tendencia a centrarse por alguna razón, hay realmente muy pocas posibilidades de que esto ocurra en la vida real. Siempre uno puede simplemente cortar el suministro de agua principal situado en el patio delantero de la mayoría de las propiedades. El otro susto potencial grande que potenciales dueños suelen tener se trata de las quejas de inquilino. Se sienten intimidados por ellos y sienten que no saben cómo manejarlas. Aunque inicialmente luchamos con esto, uno puede superar fácilmente la cuestión. Siempre hemos estimulado a los inquilinos a tomar una "perspectiva de dueño" de la propiedad--en otras palabras, tratarla como su propia casa en vez de algo que sólo están alquilando. Esto ha funcionado de maravilla. El otro consejo que puedo ofrecer es hacer lo posible para contentar a sus inquilinos, pero les recuerdo que el negocio de alquiler sí es un negocio, y aunque me encantaría arreglar la casa para lucir como nueva, siempre tiene que mirar los gastos y tomar decisiones empresariales. En otras palabras, si quieren una casa nueva, deberían comprar una casa nueva y no alquilar una.

Mi objetivo en este capítulo ha sido darle una idea de la naturaleza de los bienes raíces y cómo beneficiarse de ella. A pesar de que seré la primera en reconocer que no es para todos, es una forma de generar riqueza, si tiene el temperamento adecuado y por lo menos cinco a siete años para permitir que sus inversiones aumenten en valor. Sin embargo, antes que ahondar fuera en el mundo de bienes raíces, hága su tarea. Lea todo que pueda conseguir al respeto, escuche a los cursos, hable con inmobiliarias e inversores locales y incluso conduzca en su auto para mirar las áreas potenciales de la ciudad con más detalle. Si decide que la inversión inmobiliaria le conviene a usted, en ese momento tendrá una base sólida sobre la cual construir.

Capítulo IV
Venta por Menor

A finales de 2007, había comenzado desinvertir de algunos de mis más grandes explotaciones inmobiliarias. En noviembre de ese año, había vendido mi edificio comercial en el *Panhandle* de Florida después de meses en el mercado y por algo menos de lo que esperaba. Me encantó la autonomía y el sentimiento de independencia que ser mi propio jefe y dirigir mi propio negocio me ortorgaban, pero cada vez más comencé a sentir la necesidad de algo un poco más convencional, tal como un negocio de tipo comercial. Mi experiencia de años antes como un asociado de venta y el éxito que tuve durante aquellos años había plantado la semilla en mi mente que una tienda de algún tipo podría ser una buena opción para mí.

De hecho, mientras en Florida cerrando la venta de mi edificio, comencé a buscar en internet para algunas empresas en venta. Me encontré con varios que me parecían interesante y comencé a hacer llamadas telefónicas.

Realmente no sabía exactamente lo que buscaba, por lo que fue una especie de enfoque de "escopeta" durante un par de semanas. Normalmente un corredor de negocios alista un negocio para la venta, que es con quien abordé inicialmente para cada negocio respectivo que llamé. Luego lo reduje a unos tres o cuatro empresas que pensé que tenían potencial-- un par de joyerías dispersos alrededor de San Antonio y uno o dos otros negocios diversos. Tuve un par de llamadas de conferencia con el corredor y propietario para cada uno y fui capaz de hacer preguntas sobre sus negocios en general y obtener los estados financieros que me permitieron tener. Aunque cada una de estas empresas tenía potencial, ninguna realmente capturó mi atención en ese momento. Después de mirar unas pocas semanas más, encontré otro tienda de joyería para la venta por lo que consideré una cantidad razonable. Lo consideraba un precio justo ya que algunos de los otros negocios que había encontrado estaban en el mercado por varias veces ese precio. Sin embargo, hubo otra cosa que llamó mi atención; este se encontraba en un lugar único--el *Riverwalk* (el Paseo del Rio) de San Antonio.

En caso de que no está familiarizado con el *Riverwalk*, es el más famoso destino turístico en San Antonio y posiblemente el más famoso en todo Texas. Río San Antonio se ejecuta todo el camino por el centro, y aproximadamente hace treinta años, la ciudad empezó a diseñar paseos para acompañarlo que se coronó el *Riverwalk*--amplios, abiertos marítimos siguiendo el río con restaurantes y tiendas a lo largo de lo que ahora es un tramo de varias millas. Hay muchos hoteles maravillosos a lo largo del él. De hecho, San Antonio es un centro importante de conferencias en estos días, atrayendo a literalmente decenas de miles de asistentes de conferencia por año con casi cualquier tipo de organización que podía imaginarse.

Me reuní con el propietario, que era un nacional mexicano llamado Rafael que también tenía otras joyerías en diferentes lugares a lo largo de la ciudad. Lo conocía de paso ya porque había comprado joyas de él antes en uno de sus otras tiendas. Enrique y yo éramos socios estrechos todavía, y le pedí a que fuera parte del proceso también--algo que estaba contento de hacer. Rafael había estado vendiendo más joyería de piedra semipreciosa en esta ubicación (a diferencia de sus otras tiendas, donde vendía principalmente oro y plata tradicional). Tenía a varios empleados que dirigían la tienda por él. De hecho, una de las primeras cosas que me destacó fue el hecho de que apenas parecía pasar tan sólo de vez en cuando en esta tienda. Me dijeron que él venía un par de veces a la semana para recoger dinero y consultar con los empleados. Recuerdo pensando que definitivamente sería algo que cambiaría--definitivamente sería un dueño más "presente".

En cuanto a los empleados, tenía dos niñas que trabajaban por él, Teresa y Marcia. Sucedió que eran primas, por lo que vivían juntas y llegaron a menudo juntas a trabajar. Teresa era la administradora *de facto*, dado que ella parecía mucho más adepta a los programas de computadora y era muy buena en el seguimiento de inventario, etiquetando la mercancía nueva con etiquetas de ventas, manejando el equipo, etc. Yo parecía llevarme bien con cada una de ellas y decidí que sería prudente mantenerlas, al menos por el momento. Aunque Rafael les había informado a un cierto grado sobre los detalles de la venta de la tienda (por ejemplo, cuando tomaría lugar), pasé un buen tiempo con las dos (especialmente Teresa), conociendo sus pensamientos sobre el negocio, cómo podríamos trabajar juntas de la mejor manera, lo que cada una de nosotras podría esperar, etc.

Después de varias semanas de preliminares, a principios de enero de 2008, finalizamos el acuerdo. El corredor que había figurado el negocio recomendó un abogado para ayudarme con el cierre (para estudiar los documentos y asegurarse de que todo estaba en orden). El abogado, Enrique, y yo nos reunímos con Rafael en la oficina de su propio abogado (quien también era su socio en algunas otras empresas). Rafael era un poco difícil con quien trabajar, como tenía algo de un temperamento corto y parecía frustrarse cuando las cosas no salían exactamente como había planeado. Aunque esto hizo que el cierre fuera un poco tenso, resultó sin incidentes. Le remití los fondos a él en forma de un cheque, firmamos todos los documentos necesarios y después de aproximadamente una hora, me convirtí en la propietaria de un negocio en el *Riverwalk*!

Después de pensarlo durante los meses que siguieron, sin embargo, comencé a preguntarme que era realmente que el precio de venta representaba--probablemente hubo sólo unos miles de dólares de joyas allá cuando la tienda me transferió a mí y todavía tendría que pagar alquiler cada mes. Llegué a la conclusión que este dinero fue por que el derecho de hacer negocios en ese lugar y tener una infraestructura básica de negocio ya en marcha, que me era especialmente beneficioso ya que nunca había tenido propiedad de este tipo de negocio antes. Sin embargo, juré que no pagaría tanto por un negocio nunca más, aunque fue muy nominal en comparación con los precios de venta de las empresas comparables.

Estaba emocionada, nerviosa y un sinfín de otras cosas. Sin embargo, también estaba determinada a hacer que este negocio fuera un éxito. Después de mis emprendimientos inmobiliarios, que me dejó en una situación más o menos precaria debido a la desaceleración del mercado inmobiliario, realmente necesitaba que esta empresa funcionara financieramente y estaba dispuesta a hacer todo lo posible para que esto sucediera. Invertí un poco más en el negocio durante los meses posteriores, como comprar bastante más mercancía y buscar joyería de calidad superior, compré nuevas vitrinas y decoré la tienda para hacerla más acogedora para los clientes. Una vez más, percibía que tenía una ventaja en el sentido de que había trabajado anteriormente en algunos de los grandes almacenes y parecía tener un buen sentido de estilo y presentación, que definitivamente me ayudaría en el negocio de joyería, y estaba dispuesta a trabajarle duro.

Mi plan era trabajar en la tienda lo más posible por dos razones. En primer lugar, sería para ahorrar gastos de salario ya que obviamente no tendría que tener un empleado trabajando mi mismo turno, a menos que necesitaba que hiciera inventario o alguna otra tarea que no disfrutaba de hacer o bien sabía hacer. En segundo lugar, sentí que sería mucho mejor en las ventas que los empleados debido a mi experiencia de venta por menor y el hecho de que era *mi tienda*--que yo no era tan sólo un empleado allí a cobrar un salario por hora. De hecho, cuando miraba a los registros de los ingresos de ventas mientras hacía mi diligencia, me di cuenta que las ventas eran bastante bajas. Como se mencionó anteriormente, Rafael llegaba sólo un par de veces a la semana y realmente nunca trabajó un turno él mismo. Solía trabajar en su otra tienda, que vendía joyas más caras de oro y plata y así dejaba Teresa y Marcia a sus propios dispositivos. De hecho, creo que esta fue una de las principales razones que Rafael puso el negocio en el mercado--que no estaba ganando mucho dinero por él, aunque estuviera en un lugar fantástico. Siempre me he preguntado, sin embargo, cómo esperaba ganar dinero si nunca estuvo allí. Me pareció bastante como una situación de tipo "espiral".

Mi primer orden del día era encontrar un nombre para el negocio. Como mi segundo idioma es inglés, es algo difícil para mí a topar con cosas así--cosas que requieren un conocimiento de los matices de la lengua. Después de un tiempo de reflexión y tirar nombres, Enrique se topó con *"Thai Princess Jewelry"* ("Joyas de la Princesa Tailandesa"). Esto me agradó y inmediatamente decidí ir con ello. El segundo orden del día era encontrar una fuente de inventario. Rafael tenía un poco de mercancía en el almacén que me transfirió como parte de la venta de la empresa. Sin embargo, nada de eso era muy bonita y parecía barata. Sabía que esto tenía que cambiar para que me fuera tan exitoso como yo esperaba. También compré algún inventario suyo justo antes de que tuviéramos nuestro cierre—plata mexicana con turquesa que era muy hermosa. Sin embargo, después de un tiempo me di cuenta de que él me lo vendió por un precio demasiado alto. Yo nunca confié en él sobre cualquier cosa y sabía que tenía que encontrar una fuente (o fuentes) confiable de joyería atractiva por un precio razonable.

Iba para el inventario tipo plata con piedras semi-preciosas, y el primer lugar que encontré fue una fuente en Tailandia que descubrí mientras recorría el internet. Pensé que su inventario completo era razonablemente, incluso con un cobro de envío desde el exterior. Enrique me ayudó el primer par de veces hasta que me sentiera cómoda con el tipo exacto de mercancía que quería y estaba familiarizada con el proceso de pedido. Además de este origen tailandés, compré también cosas de otros mayoristas alrededor de la ciudad, algunos constantemente y algunos sólo una vez si sentía que estaban intentando engañarme en absoluto. Teresa era muy útil para el etiquetado de toda la mercancía nueva, que fue literalmente miles de dólares de valor. Ella también hizo cosas que yo no quería hacer o no era capaz de hacer, como trabajar con los programas de computadora para entrar y grabar todos nuestros elementos nuevos. Pasé mucho tiempo en el almacén de esas dos primeras semanas, y en general tendría que decir que fue un proceso relativamente suave y "libre de fallas".

Además, como parte del acuerdo con Rafael, ahora también tuve un pequeño kiosco justo en frente de "Joyas de la Princesa Tailandesa", que solía vender gafas de sol. Adecuadamente lo denominé "Casa de Gafas de Sol". Nunca se ha vendido como las joyas, pero sentía que sirvía dos propósitos. Agregaba una fuente adicional de ingresos, aunque no fuera mucho, y también sirvió para captar la atención de la gente y hacerles parar a mirar mi mercancía. Una vez que estaban allí, muchas veces podía atraerles a entrar en la tienda de joyas, que era una tienda tradicional (y no sólo un kiosco).

El primer par de meses fue modesto en términos de ventas e ingresos. Estaba tratando de conocer el negocio y familiarizandome con mis empleados. Además de Teresa y Marcia, también contraté a un par de otros de tiempo parcial, incluyendo a otro primo suyo. Aunque había tenido muchos años de experiencia de venta por menor, nunca había sido dueña de mi propio negocio, por lo que el proceso de ejecutar el almacén me costó trabajo. Sin embargo, sentí que lo recogía rápidamente, y disfrutaba de interactuar con los turistas y asistentes de conferencia. Las horas de la tienda eran bastante largas, oficialmente desde las 10 AM a 9 PM del lunes al sábado y 12 PM a 6 PM el domingo, pero siempre intentaba abrir un poco antes y cerrar un poco más tarde. Sentía como me daba un poco de ventaja sobre mi competencia.

Hablando de la competencia, muy poco después que asumí el negocio, Rafael y su compañero abrieron otra tienda muy cerca a las mías (probablemente unos trescientos metros más o menos). Esto me enfureció porque había firmado "una cláusula de no competir" como parte de la venta. Yo le pregunté sobre el asunto y lo llevé hasta la administración del centro comercial, pero en vano. Así que a partir de ese momento, estaba decidida a sobrevender su nueva tienda. Siempre he tenido un poco de genio cuando siento engañada, y esto realmente me molestó. Estaba determinada a buscar mejor mercancía, abrir más horas y trabajar más duro--en otras palabras, hacer cuanto estuviera en mi poder para socavarlo. Otra cosa acerca de mí es que siempre he subido al desafío cuando alguien me ha dicho que yo no puedo hacer algo o de alguna manera me maltratan.

Me sentía muy traicionada, y estaba decidida a cumplir con este desafío.

Uno de mis primeros retos después de las primeras semanas se trataba con los empleados. Teresa, que fue muy buena en el seguimiento de inventario y mantener registros, rápidamente descubrí que no era mucho de una vendedora. Marcia no era mucho mejor, ni lo eran los otros de tiempo parcial que había contratado. Así que motivarles fue un trato importante. También debía asegurarse de que el almacén y el kiosco tenían trabajadores a lo largo de la jornada laboral completa. Esto significaba la programación de empleados y eventualmente--después de que el primo de Teresa me dejó por otro trabajo—intentar buscar y contratar a nuevos empleados. La forma principal que lo hacía era simplemente colocar un letrero de "*Help Wanted*" en la ventana. Había más que suficiente tráfico a pie como para tener gente a venir y preguntar. Por supuesto, el problema era encontrar a empleados de calidad. De hecho, encontrar y contratar a empleados de calidad (los que lleguen a tiempo, no finjan estar enfermos, sean capaces de interactuar con los clientes, se vistan adecuadamente, etc.) ha sido probablemente mi mayor reto de todos desde que abrí. La falta de empleados calificados y motivados por ahí es sorprendente.

La rutina diaria de un negocio, descubrí, no era difícil una vez que me enteré de las complejidades de la misma. Generalmente llegaba (y todavía llego hasta el día de hoy) por alrededor de las 9:30 AM, que no era increíblemente temprano, pero ligeramente antes de mi competencia y lo suficiente como para quizás atrapar la gente que tenía un vuelo temprano de vuelta en la mañana después de asistir a una conferencia de algún tipo. Empecé a sentirme más cómoda con el diseño de la tienda (que es muy pequeño-- unos doscientos piés cuadrados) y empecé a organizar las joyas y otras piezas decorativas de mi propia manera. Tuve unos cuantos signos formados en una tienda de signos que leían "Joyas de la Princesa Tailandesa" y tenían arte del *Riverwalk* y otros atractivos de San Antonio en el fondo, que colgué en varias partes de la tienda. También tuve varios signos de "venta" compuestos que decían cosas como "Mercancía de Venta--Todo 25-75% de Descuento." He sabido desde mis días de venta por menor que la mejor manera de atraer clientes potenciales a comprar algo es hacerles sentir que están recibiendo *mucho por poco*. De hecho, casi todos los establecimientos lo hacen a un cierto grado, aunque creo que es más frecuente en algunas industrias (como joyas) que en otros. Marcar las joyas a un precio bastante alto, y a continuación, basar el precio de la "venta" en estes altos precios ha sido mi estrategia desde el principio. La industria minorista implica una gran cantidad de psicología, y un empresario exitoso debe ser parte psicólogo aficionado. Así que cuando un cliente podría obtener algo en "75% de descuento," que normalmente aún representa un lucro muy saludable para mí.

Aunque pasaba alrededor de 70 a 80 horas a la semana en la tienda, normalmente tenía al menos un empleado conmigo durante parte del día. Por ejemplo, Teresa podía trabajar con los etiquetados de inventario y la entrada de los elementos en el equipo mientras yo hablara con los clientes y intentara hacer ventas. De este modo, cada una de nosotras podría realizar la actividad que cada una disfrutaba y era más experta en hacer. Siempre he hecho cuestión de saludar a los clientes tan pronto como entran a la tienda y personalizar su experiencia a la medida de lo posible. Porque hay tantas otras tiendas que venden artículos similares, siempre he pensado que este toque personal es muy importante y ayuda a distinguir mi tienda y ofrece a los clientes una experiencia única y memorable, especialmente si ellos vienen de fuera de la ciudad.

Ya pasaron los primeros meses, y empecé a conocer a los otros comerciantes del centro comercial, así como los guardias de seguridad, conserjes y otros empleados del centro comercial. Siempre lo he considerado una política inteligente lo de estar en buenos términos con estos tipos de personas. Por ejemplo, con frecuencia recibo mercancía nueva en grandes cajas de cartón. Uno de los empleados del centro comercial a cargo de la recogida de basura notó esto y que yo estaba teniendo dificultades para deshacerme de todos ellos. Así, ofreció venir cuando en su ruta, derribar los cuadros y disponer de ellos para mí. Naturalmente, fui muy receptiva a la idea, y aunque él no lo pidiera, empecé a darle una propinar pequeña para el servicio. Usted se sorprendería hasta qué punto una suma relativamente nominal puede influir a las personas y motivarlas a actuar. Este arreglo ha parecido a funcionar y sigo haciendo este tipo de cosa con él, así como con los otros empleados del centro comercial que salen de su camino para ayudarme.

Normalmente los meses de enero y febrero son relativamente lentos, y durante el primer año no fue una excepción. Aunque no hace tanto frío, en muchos días el clima puede ser un poco oscuro y triste. Por lo tanto, las organizaciones tienden a esperar hasta más hacia la primavera para realizar sus convenciones. Por lo tanto, realmente no fue hasta marzo cuando empecé a ver una fuerte alza en las ventas y darme cuenta de lo que la tienda es capaz de generar en términos de ingresos. En marzo en el sur de Texas, el clima empieza a calentar dramáticamente, con muchas tardes golpeando a mediados de los 80 grados (farenheit) de temperatura. Ese primer marzo fue un buen mes, y comencé a entusiasmarme con las cosas. Era entonces cuando empezamos a experimentar días de ventas altísimas. Realmente no sabía de lo que la tienda era capaz cuando la compré, porque Rafael nunca hizo mucho con ella (él vendía un promedio de aproximadamente $10.000 mensuales en ventas brutas, que no es mucho). Aunque creía que tenía potencial debido a la ubicación fantástica y mi plan de trabajar yo tanto como fuera posible, yo nunca habría sido capaz de predecir el alcance de estas cifras. Así que cuando comencé a golpear mi marca de venta consistentemente en marzo y abril, me emocioné mucho. En abril toma lugar "Fiesta San Antonio", que es un festival de una semana en toda la ciudad y que es realmente el comienzo *de facto* de verano. Tenía la esperanza de que este período de tiempo me vería a continuar mi racha de venta, y no me decepcionó.

A finales de mayo de 2008, la gestión del centro comercial me preguntó si yo estaría dispuesta a renunciar a mi kiosco de gafas de sol, que como he mencionado, había sido mi negocio de actividad secundaria situada frente a la tienda de joyas. Me dijeron que luego me permitirían vender mis gafas de sol dentro de la tienda de joyas. Dado que mi alquiler en el kiosco era relativamente bajo, estaban en conversaciones con un inquilino potencial sobre alquilerlo por significativamente más. Después de considerlo muy cuidadosamente, decidí seguir adelante y estar de acuerdo con el propuesto. Definitivamente me ayudaría a ahorrar en alquiler, así como facilitar las cosas para mis empleados, ya que no tendrían que ir continuamente de ida y vuelta entre las dos empresas para ayudar a los clientes.

Como comenzamos a entrar en verano en sí, las cosas realmente comenzaron a calentarse (literalmente y figurativamente). Me di cuenta de que para poder tener el horario que yo quería, necesitaba más ayuda. Además de Teresa y su prima, había contratado a otros empleados que se quedaban conmigo para diferentes cantidades de tiempo (algunos por meses, algunos por sólo varios días o semanas).

Siempre he tenido alta rotación con mis empleados, que es algo que siempre me ha molestado ligeramente, y sobre lo cual he dado un montón de pensamiento. Posibles razones de por qué esto ha sido siempre el caso es que la industria minorista tiende a atraer el tipo de trabajadores que cambian con frecuencia los puestos de trabajo, es difícil de tratar con los clientes, y el hecho de que soy bastante exigente como empleador (mucho más de que la mayoría de los empleados está acostumbrado).

Durante el verano de ese primer año, yo conseguía más o menos lo que esperaba en las ventas. En general, mi margen de beneficio sobre los ítems rondaba el 70%; así que después de los sueldos, alquiler de centro comercial, impuestos, etc. estaba generando una ganancia saludable. Las cosas iban bastante bien para decir lo menos. Parecía haber un sinfín de turistas y asistentes de conferencia. De hecho, San Antonio es ahora uno de los mayores destinos de conferencias profesionales en todo el país debido principalmente al *Riverwalk*. Aunque persistía la rotación de los empleados, siempre había gente que entraba en el almacén que quería llenar una solicitud, como habitualmente tenía colocado mi signo "*Help Wanted*" en la ventana. Al final del primer verano, yo estaba arraigada firmemente en la ubicación y en el negocio de joyería. Tenía una línea de productos que apelaba a mucha gente (turquesa y otras piedras semipreciosas en forma de collares, aretes, etc.) y a un punto de precio que era accesible a la mayoría de la gente.

En otras palabras, no es realmente un elemento de "billete grande" para la mayoría de la gente comparado con una de las cadenas nacionales que tratan en oro y plata, donde un collar puede valer fácilmente $500 o más. La mayoría de mi mercancía estaba en el rango de $20 a $60 (aunque algunas pocas piezas costaban como $100 o más), por lo que la mayoría de lo que siempre he vendido podría ser comprado como una especie de compra espontánea. Esto podría ser como un regalo de un novio/marido a una novia/esposa, una mujer a comprar algo para sí misma mientras saliera con sus amigas, o un turista comprando un recuerdo para alguien allá en casa.

Aunque la mayoría de mis clientes es muy educada y respetuosa de mi tienda, la mercancía y de mí en general, hubo varias ocasiones desde el principio en donde no fueron tan amables. La mayor parte del tiempo el comportamiento sería algo al efecto de cribar por mi mercancía y preguntar si los elementos son "reales". Aunque casi toda la mercancía que he comprado en los últimos años es auténtica turquesa o otras piedras semipreciosas, algunos tal vez podrían considerarse de calidad simplemente moderada. Este es el tipo de mercancía que normalmente se vende en lo que yo llamo el rango de precio "popular"--normalmente $30 a $60 para un juego de dos o tres piezas (collar, pendientes y quizás una pulsera). Pago bastante menos por los elementos en el nivel mayorista, por lo que si los vendo por $30, esto representa una ganancia bruta saludable. Creo que es un buen rango en el cual vender mercancía porque, como he explicado antes, no representa demasiado compromiso por parte del cliente y es más probable que sea una compra espontánea. También siempre he llevado mercancía más cara y de mejor calidad que utiliza un mayor grado de piedra, pero normalmente estas se venderían por $100 o más. Es muy barato se tiene en cuenta el costo de piedras semipreciosas. Por lo tanto, siempre he pensado que he ofrecido a clientes lo mejor de ambos mundos en términos de opciones.

Alrededor de octubre de 2008, comencé a enterarme de una mujer que deseaba vender su tienda de regalos. Ella se encontraba al otro lado del río. Mi tienda es por un lado, y a la vuelta de la esquina hay una pasarela peatonal, que conecta las dos partes. Ella estaba al lado de la cabina de boletos para el tour de barco fluvial popular. Lo primero que me vino a la mente fue que siempre habría un flujo constante de personas cercanas a la tienda. Durante la temporada alta, puede haber una línea de varios cientos de personas esperando para tomar el barco fluvial, que es un paseo de barco de 30 minutos por el río, de gira con "taxista" dando una narrativa del *Riverwalk* y esa parte de la ciudad. Enrique y yo nos reunímos con la mujer un domingo por la tarde para recoger nuestras impresiones iniciales de la dinámica de la tienda y cómo se había operado bajo su control. Ella había dirigido la tienda de regalos por más de 20 años y había sido capaz de utilizar los miembros de la familia como empleados en la tienda. Sus gastos de empleados, por lo tanto, siempre habían sido mínimos. Eso era algo con que, lamentablemente, nunca había tenido mucha suerte ya que mi familia nunca había tomado mucho interés en las tiendas.

Cuando visité a su tienda la próxima semana, mi primera impresión fue que estaba muy desordenada. El trabajo de pintura parecía lo original de 20 años antes—algo que se confirmó más tarde. Casi no había iluminación suficiente y había relativamente poca mercancía dado el tamaño de la tienda. Sin embargo, esto puede haber sido por diseño, como sin duda ella intentaba reducir inventario como la tienda estaba en el mercado para la venta. Por lo tanto, mi primera impresión no fue realmente la mejor. Una de las cosas que sí me gustó fue el hecho de que tenía un área de trabajo arriba, y ella ya tenía un escritorio, cajones, una sala de almacenamiento con cierre de inventario, etc. La cosa principal que pensé que tenía en su favor, sin embargo, era la ubicación. Esto fue probablemente la primera cosa que me saltó a mente cuando me enteré de su tienda. En general, pensé que la tienda tenía potencial. Aunque Enrique realmente no estaba a favor de ello, debido principalmente a mis dificultades hasta ese punto para encontrar empleados de calidad, a regañadientes se puso de acuerdo. Aunque inicialmente ella quería una suma considerable por el negocio, yo lo negocié hasta considerablemente menos.

Después de varias semanas de regatear, machacamos los detalles y hubo un acuerdo.

Aludí a esto antes, pero hablando de precios de venta para las empresas, algo que siempre me ha desconcertado es lo que verdaderamente se adquiere cuando uno compra una empresa como esta. El nuevo propietario todavía tiene que pagar alquiler al centro comercial (o la ciudad, como era el caso con este nuevo negocio). Cuando hay poco inventario, como fue el caso cuando compré el negocio de Rafael y el nuevo negocio que acabo de describir, la pregunta viene a la mente, "Bueno, *qué es* que estoy recibiendo por el precio de venta?". El dueño anterior le proporciona una lista de proveedores y cualquier otro pedacito de información para ir junto con el trozo de inventario que existe al cerrar el trato, pero eso justifica el precio de venta? Además, en las empresas a lo largo del *Riverwalk*, donde por mi estimación el 95% de los clientes son clientes de una sóla vez (turistas y otros visitantes a San Antonio), no está realmente construyendo una base de clientes. Por lo tanto, no se compra realmente cualquier reconocimiento de nombre o base de clientes. Es sólo el derecho de hacer negocios en ese lugar por algo que no se tiene que empezar desde el principio de funcionamiento. Sin embargo, empezar un negocio desde cero es una cosa muy difícil, así que hay algún valor en comprar uno que ya está funcionando y que ya tiene una infraestructura. Sin embargo, esto no justifica un precio alto si el nuevo "dueño" realmente no tiene interés de propiedad ni patrimonio en nada.

Así, en noviembre de 2008 ya estaba la orgullosa propietaria de dos empresas plenas en el *Riverwalk*. Esta vez el cierre fue mucho más suave que cuando compré la joyería. Utilicé un abogado de mi elección que había conocido por más de un año y que ya había realizado varios servicios relacionados con el negocio por mí. Me sentí mucho más sofisticada que la primera vez; sentí que tenía la mano superior y se demostró en mi nivel de confianza. Con el bajo precio de venta, alquiler más bajo que lo que me solía pagar y una tienda ya un poco abastecida con camisetas, cerámica de estilo mexicano y otros regalos típicos de San Antonio, el sur de Texas y México, la tienda estaba ya en forma relativamente buena. Sin embargo, una de las primeras cosas que quise hacer fue "alegrar" el almacén con nueva iluminación y una muestra más colorida. Mi curva de aprendizaje definitivamente iba a ser más corta que con Joyas de la Princesa Tailandesa. Después de darle algún pensamiento, me encontré con el nombre de la tienda de regalos de *"TPJ Gift Shop"* (*Tienda de Regalos de las Joyas de la Princesa Tailandesa*). Supongo que me planteó la idea de que la tienda de regalos era una rama de la tienda de joyas, por lo tanto el nombre *TPJ*. También lo hizo mucho más fácil de recordar.

El primer par de meses fueron decentes en términos de ventas, en gran medida debido a la temporada de

Navidad. Como la taquilla para el crucero "Taxi de Río" se encontraba al lado, había una cola constante de personas cercanas a la tienda esperando a tomar el barco, que era muy popular en gran parte debido a los precios razonables. Muchas de estas personas se meterían en la tienda durante unos minutos mientras que sus familiares estaban esperando en línea. También me dio un punto de referencia muy bueno para los clientes que entraron en la tienda de joyas cuando les contaba sobre mi nueva tienda de regalos.

Aunque mis ventas fueron moderadamente fuertes durante la última parte del año, año nuevo y Día de los Reyes (que también es una fiesta celebrada en la cultura hispana y representa el final *de facto* de la temporada de Navidad), cuando llegó febrero, sentí que pudiera tomar un poco de tiempo para arreglar la tienda un poco más. En febrero de cada año la Ciudad de San Antonio drena la porción centro del Río San Antonio, que es lo que sigue el *Riverwalk*. Como uno puede imaginar, con cientos de miles de visitantes cada año, el río se inunda de basura como latas, botellas y vasos a pesar de que la gran mayoría de personas sean muy respetuosa y nunca ensuciarían el río a proposito. Por lo tanto, hay poco tráfico turístico durante esa semana en febrero, cuando el cauce es literalmente seco para fines de limpieza. Durante aquella semana mandé pintar la tienda con una capa fresca de pintura blanca y algunos otros retoques alrededor de la tienda. Una nueva capa de pintura es probablemente lo máximo que se puede hacer por poco dinero en términos de hacer parecer más frescos y menos contaminantes una casa o un negocio.

En marzo de 2009, me había establecido firmemente en la tienda de regalos y las cosas iban razonablemente bien. Disfrutaba el área de arriba en la tienda y tenía un equipo, así como un microondas y fui capaz de mantener inventario y joyas en el armario cerrado. Sin embargo, por ese momento empecé a tener un disgusto inesperado en la forma de mi vecina, una mujer que también dirigía una tienda de regalos. Aunque vendíamos artículos algo diferentes, con sólo un poco de superposición, creo que se sentía amenazada porque estaba muy entusiasmada sobre el negocio, y ella no estaba acostumbrada a tener mucha competencia. La propietaria anterior no empujaba mucho por lo que quizás no representara mucha amenaza para ella. Ella se quejó en varias ocasiones a la ciudad, que poseía esos espacios a lo largo del río, que yo estaba vendiendo artículos no autorizados, cosas que ella también se vendía, etc. Mi estrategia para tratar con esto simplemente era de ser tan amable hacia ella como posible. En verdad era una vecina razonablemente agradable y venía a conversar conmigo en algunas ocasiónes sobre varias cosas pero a veces podía ser bastante fastidiosa. Ella fue mayormente inofensiva, y nunca me dejé molestar, y yo nunca fui reprendida por la ciudad para vender algo que yo no debería, por lo que en realidad no era nada de que preocuparse.

A unos seis meses de tener la tienda de regalos, comencé a experimentar algunos problemas en varios niveles diferentes. El primero fue el de mantener suficientes empleados para cubrir las dos tiendas aproximadamente doce horas al día, siete días a la semana. Un corolario a esto era de tener suficientes empleados *decentes* para cubrir esas horas. Por "decente" me refiero a aquellos que tienen la capacidad y la voluntad de hablar con los clientes (saludar y charlar con), tienen su propio transporte, se visten algo profesionalmente, hablan correctamente, son capaces de contar dinero, etc.. Nunca he pensado que esto es demasiado a pedirle a un empleado, pero usted se sorprendería en lo difícil que es encontrar a empleados que posean estas cualidades y retener a los que tenga la suerte de encontrar. Bueno, si usted ha sido propietario de una empresa con empleados, tal vez no se sorprendería. Tenía a empleados a trabajar conmigo por un par de semanas o un mes y luego salir o nunca más presentarse y incluso nunca reclamar su último sueldo. Otros problemas incluían el sistema eléctrico y la unidad de aire acondicionado vieja en la tienda, que era probablemente de treinta años de edad. La ciudad absolutamente se negó a asumir la responsabilidad de arreglar cualquier cosa, a pesar de que el espacio les pertenecía. Parecía ridículo que yo, el inquilino, sería responsable de mantener el espacio que se está ejecutando correctamente, especialmente con los elementos de "billete grande", como la unidad de aire acondicionado. Pensé,

"¿Qué pasaría si yo hiciera que mis propios inquilinos de las viviendas de alquiler pagaran todas sus reparaciones? ¡Probablemente empacarían y se irían en el medio de la noche!". Sin embargo, no tuve ningún remedio para solucionar estas cosas. No deseaba poner mucho dinero en las reparaciones, ya que sabía que el espacio no era mío, por lo que la mayoría de lo que hice podría ser considerada apenas "curitas", como cargar la unidad de aire acondicionado con freón o limpiar el condensador.

Durante la primavera de 2010, comencé a pensar en la venta de la tienda de regalos. Aunque sentí que había sido una buena experiencia, yo nunca me sentí cómoda en esa ubicación y siempre sentí que la tienda tenía una especie de "mala onda" o energía negativa asociada. No puedo decir de lo que esto podría atribuirse, pero incluso mis empleados lo sentían en un determinado nivel. Había hecho muchos conocidos desde el tiempo que inicialmente comencé mis operaciones en el *Riverwalk* y consideré que probablemente no sería necesario un intermediario para ayudarme a alistar y venderla. Ellos normalmente cobran alrededor del 10% del precio solicitado como la comisión, que para mí es absurda. Había hablado con un propietario de otra empresa por unas pocas semanas y expresó su interés, insinuando que su esposa y otros familiares podrían ejecutarla mientras corría su empresa principal, un pequeño bar.

Conversamos y negociamos durante varios meses, y luego finalmente llegamos a una conclusión en cuanto a cosas como el precio pedido, cómo iba a pagarlo, donde íbamos a cerrar el trato, etc. Le dije que conocía a un abogado que me había ayudado en varias ocasiones con asuntos de negocios, y acordó. Yo había fijado el precio en varias veces más de lo que pagúe por ello, con todo incluido (mercancía, vitrinas, el equipo y terminal de tarjeta de crédito, etc.). Pensé que esto era justo desde que había puesto una gran cantidad de "patrimonio de sudor" en el negocio de traerlo a las normas. Creo que probablemente podría haber pedido más, pero razonaba que recuperé mi inversión inicial, así como el flujo de efectivo diario desde que se comenzó a operar, así que esto fue esencialmente pura ganancia. El cierre fue sin problemas, y de hecho él bajó al almacén para iniciar las operaciones esa misma tarde. Estuve de acuerdo en quedarme con él durante un día o dos para proporcionarle algunos otros consejos y apoyarlo através de la fase inicial. Pensé que era sólo justo y respetuoso hacerlo. De hecho, me habría encantado si Rafael hubiera hecho esto por mí cuando cerramos en la joyería. La última vez que hablé con ellos, las cosas iban bien y indicó que casi había recuperado su inversión inicial. Siempre estuve impresionada y ligeramente envidiosa que estaban experimentandolo verdaderamente como un negocio familiar, con la esposa, sus padres y los niños todos poniendole su tiempo. Esto para mí es realmente la mejor forma de ejecutar una operación como ésta--no tiene que preocuparse de payasadas de empleados como llamar y decirse enfermos, robos, etc. y los salarios que pagan literalmente se mantienen en la familia.

Sin embargo, como siempre estoy en busca de oportunidades, alrededor de septiembre de 2010 la gestión del centro comercial me ofreció un espacio alrededor de la esquina del Alamo en una arteria peatonal. Después de mirar el espacio, me enamoré con él. Era enorme-- casi 2000 pies cuadrados de espacio utilizable, un cuarto de baño, varios armarios, almacenamiento enorme e incluso una trastienda en la que relajarse. La otra cosa que me llamó la atención era que ya estaba vacío, así que no habría ninguna compra de negocio ya existente con el precio de venta que lo acompaña. En otras palabras, sólo tendría que mover y comenzar mis actividades. En realidad, es un poco de una simplificación, como había algo de arreglo necesitado, pero después de ya poseer dos negocios y pasando por todo el rollo con aquellos, esto parecía facilísimo. Así que decidí abrir mi nueva (y segunda) tienda de regalos. Contraté a mi yerno y algunos de sus amigos para que me ayudaran a pintar, colocar las estanterías adecuadas, obtener los terminales de computadora y tarjeta de crédito en ejecución, existencias, estantes, etc. A finales de octubre, abrí las puertas para el comercio. Estaba muy satisfecha con lo bien que resultó la tienda, y aún contaba con vitrinas en la parte delantera que podría utilizar para poner a maniquíes para mostrar mis camisetas y sombreros. Tengo que decir que de las tres empresas que ahora he manejado en el *Riverwalk*, éste se levantó y se ejecutó lo más rápido y fácilmente. Supongo que debería esperarse, sin embargo. Después de todo, una vez que se conozcan los "trucos del oficio", nada es tan difícil. En el año que hace que está abierto, las cosas han ido muy bien. Sin embargo, nada se compara a mi negocio original, Joyas de la Princesa de Tailandia, en cuanto a ventas brutas y margen de beneficio. Es mucho más fácil hacer el "dinero grande" cuando la mayoría de sus ventas son $25 a $50 cada uno en vez de $5 o $6 como es el caso en una tienda de regalos.

En cuanto a tratar con los empleados y mantenerlos motivados, siempre he sido dispuesta a intentar cualquier cosa y se siente como si lo he hecho. Yo siempre he querido darles algún tipo de incentivo para vender, para hablar con los clientes y en última instancia "mover" mercancía. Aunque siempre he considerado a ofrecer a empleados únicamente una comisión--que sería un generoso porcentaje del precio de venta, como el 5%--nadie jamás ha querido aceptarlo. Lo he ofrecido a Teresa y algunas de las otras en varias ocasiones, pero Teresa especialmente siempre fue reacia a la idea, ya que ella nunca fue uno para hacer muchas ventas-- ella prefiere trabajar con inventario y organizar el almacén. Sin embargo, he tenido algo de suerte con la idea de bonos, que en efecto han sido arreglos de tipo algo informal y espontáneo. Por ejemplo, si estábamos haciendo bien en un viernes o sábado por la noche, diría algo para el efecto de "Oigan, si pueden ayudarme a llegar a $1500 (en ventas) esta noche, les voy a dar $10." Esto actúa como una especie de desafío para ellos y generalmente ha tenido un efecto positivo. Otra cosa que he hecho con cierto éxito, especialmente hacia el final del mes, ha sido ofrecer un desafío, como, "Ustedes saben, hoy es el día 28 y hemos vendido *esta cantidad* este mes. Si podemos hacer *esto* antes del final del mes, les voy a dar $25." Sirve casi como un reto de algún tipo, yo lanzandoles un numero y viendo si pueden subir a él.

En general, he tenido sólo un empleado que me ha causado algún problema significativo. Aunque Monica fue una muy buena vendedora, era mezquina, celosa y alguien en quien yo nunca tenía mucha confianza para representar mis intereses en la tienda. Incluso tuve sospechas de que robara mercancía en algunas ocasiones. Monica había trabajado en el *Riverwalk* durante varios años con diferentes comerciantes y incluso tenía una hermana que también llevaba muchos años de empleo allá. Aunque Monica era una buena vendedora, siempre tuve dudas sobre ella. Escuché de otros comerciantes que con frecuencia se hacía pasar como co-propietaria de la tienda. En otras palabras, fingiría que ella y yo éramos socios. Ella intentaba también "estirar" su horário por tantos minutos-extra como fuera posible después de que su turno terminara. Por ejemplo, ella arrastraba sus pies al cerrar la tienda por la noche y si terminara a las 9:03 PM, por ejemplo, ella anotaría 9:15 como su hora de salida. Yo también encontraba muchos artículos (especialmente los más bonitos) desaparecidos y comencé a sospechar que ella se los lleveba para vender en ferias en los fines de semana. Al final de su tiempo conmigo, ella comenzó a ser muy irrespetuosa en la manera que ella me hablaba, una vez dejando varios mensajes soeces en mi correo de voz cuando reducí sus horas. Después de esta última instancia la despedí, pero ella incluso presentó una denuncia ante la Comisión de Trabajadores del Estado, algo que prontamente refuté. Aunque le perdí como vendedora e incluso en varias ocasiones durante los dos próximos años consideré contratarla nuevamente a tiempo parcial, afortunadamente cada vez llegué a mis sentidos al recordar cuánta angustia y problemas ella me había causado previamente.

El desafío más reciente que he tenido ha sido con el intento de establecer un sitio Web para mi tienda de regalos. Soy muy consciente del poder de la internet y la afinidad que tiene la gente en estos días para ir de compras en-línea. Después de sopesar las ventajas y desventajas de diseñar un sitio Web, decidí seguir adelante con él. Mi duda principal era que la mayoría de mis clientes son sólo los clientes de tipo "una vez". En otras palabras, son los clientes que están en San Antonio, ya sea en vacaciones o que están asistiendo a una conferencia y sólo pasan a tropezar en la tienda. Más probable es que nunca los vería nuevamente. Además, no estaba muy segura de si este tipo de mercancía, como camisetas, tazas, cerámica mexicana y otros elementos que sirven como recuerdos de su viaje a San Antonio--sería el tipo de elementos que personas pedirían en internet después de su viaje (o gente que simplemente al azar ocurra a encontrar mi sitio). Sin embargo, decidí seguir adelante con él.

La persona que contraté a establecer mi sitio Web no era un diseñador web profesional sino alguien que conocí el año anterior cuando pensaba en poner a la joyeria en venta. Realmente había sido el intermediario de negocios (o corredor). Él ya había dejado la firma de intermediación de negocios y aparentemente estaba intentando entrar en el negocio de diseño de internet. En cualquier caso, pedió la mitad del dinero por adelantado, que acepté tímidamente. Después de rogarle varias veces a que viniera a la tienda para sacar fotografías digitales de la mercancía y no apareciera, tuve que presionarle un poco más. Después de varios meses, finalmente el sitio Web fue terminado, aunque no fuera a mi satisfacción y a regañadientes le pagué la otra mitad de lo que teníamos acordado. El sitio estaba lleno de texto incorrecto, descuidados gráficos y fotografías borrosas. De hecho, ya he "abandonado" el sitio, que en realidad significa que el sitio Web ya no está funcionando. Es más, en un par de ocasiones cuando llegó a la tienda, le pedió a mi empleado de turno para el dinero de estacionamiento! Incluso llamó un mes o dos después de que terminó el sitio Web para preguntar si él podría pedir prestado unos miles de dólares para comprar algún software para su negocio! Me negué cortésmente, pero dentro sentí un gran sentido de satisfacción. Realmente creo en el karma--en el viejo adagio inglés que "what goes around comes around" (*"lo que pasa, viene"*). La lección principal aquí no es hacer negocios con gente desesperada.

Ahora que usted entiende más al fondo de donde soy procedente, de mi propia carrera de negocios minoristas, y algunos de los desafíos, éxitos y fracasos que he enfrentado, en el siguiente capítulo compartiré con usted algunas ideas y consejos para ser exitoso en un negocio de venta por menor.

Capítulo V
Consejos de Venta por Menor

1. *Tenga un plan de negocios.* Un plan de negocios puede ser tan general o tan detallado como le gustaría. En mi opinión, un plan más general le brinda flexibilidad para cambiar el enfoque táctico diario cuando se considere necesario. Sin embargo, un plan más detallado puede proporcionarle más información sobre qué es lo que realmente está intentando lograr, cómo va a lograrlo, los recursos que tiene a su disposición y el período de tiempo que se ha asignado. Ha sido mi experiencia, sin embargo, que si va a recaudar dinero a través de préstamos (ya sea a través de un banco, la Administración de Pequeños Negocios o "inversores angel"), es para su beneficio ser lo más detallado posible. Oficiales de préstamo y otros inversores quieren ver que usted ha pensado por su plan de negocios tanto como sea posible, y que tenga una plan de contingencias previsibles. Si va por esta ruta, creo que también es beneficioso que sea impreso profesionalmente y diseñado en el formato más estético

posible. Color es mejor que sólo blanco y negro. En otras palabras, en su búsqueda para obtener financiación, contenido y presentación son importantes.

El propósito principal de un plan de negocios, independientemente de si va a buscar financiación, es darle un "plan para el éxito". Usted debe identificar previamente el producto o servicio que va a ofrecer. ¿Qué le hace diferente de sus competidores, que es su mercado de destino, cómo va a ofrecer el producto o servicio (con una tienda o por internet)? También piense en los gastos generales, gastos vs. ingresos, puntos de equilibrio para hacer una ganancia, etc. En otras palabras, debe incluir un "retrato instantáneo" del ámbito actual de los negocios y por qué se realiza este proyecto. Un plan de negocios es una herramienta fundamental para el éxito en un negocio--sé de muy pocas empresas que hayan tenido éxito a mediano y largo plazo que no tengan uno. Empecé con un plan más general de negocios, como yo no estaba muy segura del alcance de mi negocio desde el principio y no creía que jamás buscaría financiación.

En última instancia, yo contaba con alguien que me prestaría dinero, pero se trata de alguien que ya me lo había prestado en muchas ocasiones através de los años y con quien tenía una muy buena reputación. Sin embargo, últimamente he actualizado mi plan para reflejar el estado actual de mi negocio y cómo veo las cosas desarrollando en el horizonte. Eso es lo que debe recordar--puede tener un plan de negocios que preparó al inicio de su empeño, y ese plan le puede servir muy bien. Sin embargo, no tenga miedo de "retocarlo" como su negocio crece y evoluciona.

2. *Tenga reservas de efectivo suficientes.* Este elemento extremadamente importante ayudará a determinar el éxito final o el fracaso de su negocio. Hay cientos de miles de empresarios aspirantes por allí, muchos de los cuales estoy seguro de que serían fantásticos empresarios. ¿Significa esto que todos deben intentar a abrir unas empresas? Lamentablemente, no. Es fundamental que como usted medita si debería tomar el último salto de fe y abrir el "negocio de sus sueños", que hace un balance de sus finanzas. Es crucial que sea honesto consigo mismo acerca de si cuenta con las finanzas para respaldar su esfuerzo. Concedido, no es necesario que tenga a mano todo el dinero necesario para el negocio que quiere ejecutar y luego sostenerlo a través de esos primeros meses, pero debe ser capaz de conseguirlo de algún sitio. En la jerga técnica, debe ser capaz de "conseguir financiación".

Hay decenas de lugares que potencialmente podría recaudar capital para iniciar su negocio, pero algunos de los lugares más comunes son préstamos bancarios, préstamos de la *Small Business Administration* (Administración de Pequeños Negocios), préstamos personales de amigos y familiares y, por último, las tarjetas de crédito personales. Tenga cuidado con las dos últimas opciones, sin embargo. Recomendaría poner tanto capital proprio como puede manejar cómodamente, ya que esto puede disminuir su carga financiera por el camino. También les convencerá a las prestamistas potenciales que usted tiene una gran participación financiera en el éxito de la empresa. Si usted está interesado en abrir una franquicia de algún tipo, hay literalmente cientos de franquicias por ahí en estos días ofreciendo productos y servicios tan diversos como comida rápida, la educación infantil, y servicios de preparación de impuestos. Muchas veces, se ofrecen cierto grado de financiación interna. Sin embargo, incluso generalmente querrán ver que el franquiciado potencial tegna un cierto valor neto y que pueda poner una cierta cantidad de fondos personales.

Por desgracia, he conocido a muchos propietarios de pequeñas empresas aspirantes que intentan despegar su empresa con muy poco en la forma de fondos de capital. En mi opinión, este es un gran error que prácticamente condena su esfuerzo de negocio al fracaso. Inicíe un negocio sólo si es financieramente capaz--no sólo para inicializarlo y "ponerlo en marcha", sino también para sostenerlo y a *usted mismo* (alquiler, comida, las necesidades familiares, etc.) durante al menos seis meses más allá de eso. En mi opinión, una de las peores cosas que pueden suceder al propietario de un negocio es tener una gran idea, arriesgarlo todo, y pasar por duras penas para poner el negocio en funcionamiento, sólo a quedarse sin fondos antes de que el negocio se convierta en éxito. En este sentido, nuevamente, sea honesto consigo mismo. Su futuro financiero literalmente depende de ello.

3. *Sea familiarizado con todos los aspectos de su negocio.* Aunque como el propietario de la empresa usted puede disfrutar de un área en particular sobre todos los demás, es imprescindible familiarizarse con todos los aspectos del negocio. Eso no significa necesariamente que vaya a ser un experto en todo, pero es vital que tiene al menos un conocimiento práctico de todas las áreas. Por ejemplo, siempre he disfrutado el aspecto de la venta, pero no me agrada hacer inventario, y es algo que evito siempre que sea posible. Es tedioso, me duele los ojos mirando hacia adelante y hacia atrás entre la pantalla del ordenador y los elementos, y puede comer una tremenda cantidad de tiempo. Sin embargo, he aprendido de que desde que soy la propietaria de la empresa, debo saber cómo hacer un inventario. Llegué a esta toma de conciencia de la manera más difícil—siempre me ha gustado conseguir nuevo inventario y en más de una ocasión, Teresa no estaba allí para comenzar a ingresar los elementos en la computadora y luego colocarles etiquetas para ponerlos en las estanterías de etiquetado. Así, un día le pedí que me mostrara cómo hacerlo. Tuve que tomar notas (siempre guardo cuadernitos por allí para escribir cosas) para poder volver y hacer referencia a ellas, porque todo el proceso parecía ser incomprensible para mí al principio. Sin embargo, después de un par de veces de hacerlo, empecé a recogerlo, y comenzó a tener más sentido para mí. Para

usted, puede ser algo muy diferente; sin embargo, estoy segura de que hay al menos un aspecto de su negocio que necesariamente no le gusta y dada la oportunidad preferiría no hacer. Sin embargo, ¿qué haría usted si el empleado que usualmente se encarga de esta función de repente se fuera? ¿Va a permitir que su negocio llegue a un punto muerto debido a ello? Como propietario, usted debe aprender todos los aspectos del negocio, porque es su nombre que está en juego.

4. *Cuide de sus clientes; ellos son su alma.* Esto puede parecer obvio y la mayoría de los dueños de negocios lo saben intuitivamente, pero vale la pena repetir. Los clientes son realmente el alma, la columna vertebral, el corazón, el alma y cada otra metáfora similar que podría considerarse a la hora de su último éxito. Los clientes son lo que impulsan el negocio. Esto es especialmente cierto para la industria minorista, donde la interacción con el cliente es parte de cada transacción. Aquí en el *Riverwalk*, donde tantos clientes son visitantes de primera vez a San Antonio y a Texas, la forma en que tratamos a los clientes, por breve que sea el encuentro, también tiene el potencial para dejar una impresión duradera de la ciudad o estado. Por lo tanto, además de ser un comerciante por menor, también puedo considerarme una Embajadora de San Antonio.

En el negocio de venta por menor, especialmente en una especie de entorno "boutique" como es mi joyería, primeras impresiones y la forma de mirar, hablar y actuar hacia los clientes son probablemente más importantes que en la mayoría de las empresas. Desde que joyas son un lujo, y de ninguna manera esencial para la gente a comprar, trato de mantener esto en mente tanto como posible, aunque pueda ser difícil a veces frente a los clientes en el *Riverwalk* (que pueden ser a veces un poco alborotados). De hecho, iría al punto de decir que mi tratamiento de clientes se ha convertido en un hábito. En otras palabras, tan pronto como el cliente entra en la tienda (o si me acerco a ellos en las afueritas de la tienda), les saludo con un entusiasta, "Hola, señora/señor, ¿cómo está?". Entonces les informo de mis ventas actuales y les pregunto si hay algo en particular que están buscando. Si parecen estar de buen humor y dispuestos a hablar, les pregunto cómo están disfrutando de San Antonio y lo que han visto hasta ahora. Es através de una conexión así que soy capaz de hacer su experiencia aquí más memorable. Siempre trato de tener una sonrisa en la cara, porque sé que la inmensa mayoría de la gente está dándole vueltas alrededor en el *Riverwalk* tratando de divertirse, y quiero jugar con esto. De hecho, si un cliente entra con una cerveza en la mano--normalmente el marido que está siguiendo a su mujer--yo puedo incluso ofrecerle otro. ¡Debería ver cómo se iluminan los ojos cuando oyen esto! Me atrevería a decir que muy pocos comerciantes alrededor de la ciudad hacen algo así.

Muchas veces con tácticas así, se aflojen los clientes y se ponen en el estado de ánimo para pasar. Esto es especialmente cierto si se trata de una pareja romántica de algún tipo, porque en la mayoría de estos casos el hombre es quien realmente está pagando para el elemento. Aquí es otra cosa que he descubierto: muchas personas van de compras cuando están disgustados y tienen el deseo de conversar mientras compran. Estudios han demostrado que ir de compras libera productos químicos de "sentirse bien" en el cerebro, y por eso a la gente le gusta ir al centro comercial a comprar cuando está sintiendo un poco triste o deprimida sobre algo. En realidad, los estudios también siguen a decir que los productos químicos "sentirse bien" son liberados tan sólo *por buscar algo para comprar* y que el acto verdadero de partir con su dinero lleva a una decepción rápida, pero la mayoría de la gente conscientemente no se da cuenta de esto. Remonta a lo que aludí al principio--que hacer compras, en su forma más pura como una actividad recreativa, pretende ser una experiencia placentera. Incluso los supermercados lo han notado y han diseñado tiendas que están específicamente diseñadas para seducir, educar, entretener y brindar placer a compradores por el diseño de pasillo, manifestaciones, muestras gratis de platos exóticos y presentaciones de productos de cocina.

Soy de la opinión que, como propietarios de pequeñas empresas, realmente necesitamos crear *una experiencia* para el cliente tanto como posible. Esto es especialmente cierto para los propietarios que atienden a más de un nicho de mercado y tengan más de una atmósfera de "boutique". Muy pocos de nosotros podemos competir con las mega-tiendas basadas únicamente en precio. Debemos intentar conseguir que recuerden el tiempo de interacción con nosotros. Muchas veces la gente desea tener una "experiencia" cuando patrocinan su negocio, no sólo sentir que están saliendo con una cartera más ligera y una baratija que pueden o no pueden utilizar jamás. Hágalo especial para ellos en cuanto sea posible, porque sin ellos, no tiene un negocio. Si lo hace, se abrirá puertas para usted.

5. *Sea un buen vecino en cuanto sea posible.* ¿Cree usted en karma? No en el sentido místico, sino en el sentido mejor expresado en la frase, "lo que pasa viene" (*"What goes around, comes around"*) y el adagio bíblico de "La Regla Dorada"—"Trata a otros como tú quisieras ser tratado." Ciertamente yo sí. Creo en la difusión de buena voluntad por varias razones, muchas de ellas no totalmente altruista. Aunque estoy realmente dispuesta a ayudar a mis vecinos (otros comerciantes, administradores de centro comercial, turistas pidiendo direcciones, etc.) por el puro placer de ayudar a los demás, creo que finalmente las buenas acciones volverán a mí. Creo que si usted trata a los demás con respeto y está dispuesto a echar una mano de ayuda siempre que sea posible, finalmente tendrá un "crédito debido" cuando llegue el momento. Créame, llegará un momento cuando usted necesitará ayuda. Una vez más, no ayude a alguien simplemente porque está esperando algo a cambio, pero vale la pena tener en cuenta que así funciona el mundo.

Yo le ayudaré esta vez sin esperar nada a cambio; sin embargo, cuando yo necesite ayuda, también no dudaré a pedirsela.

Ahora, hay una calidad mística, algo que ninguno de nosotros puede explicar de verdad, acerca de lo que sucede a final de cuentas a alguien que es un "mal vecino". Usted conoce el tipo--el vecino que siempre parece ser conspirando ligeramente contra usted de alguna manera. Tenía compañeros así cuando trabajaba como una asociada de ventas en varias de las grandes cadenas de ropa cuando era más joven, y tengo compañeros comerciantes y empresarios así ahora. Sin embargo, es sorprendente ver lo que sucede finalmente con este tipo de persona. Inevitablemente, la "malas ondas" que se iban extendiendo en algún momento anterior volverán a morderle de alguna manera. En consecuencia, he aprendido no desearle mala suerte a nadie, porque esta energía negativa eventualmente alcanzará conmigo. Es más, no hay razón para desear la desgracia a nadie—"el pastel" es lo suficientemente grande para todos nosotros. Por ejemplo, nosotros como comerciantes en el *Riverwalk* todos podemos tener éxito--no es lo que los economistas llaman un "juego de suma nula." Una vez más, el mejor consejo es simplemente seguir la regla dorada.

6. *Trate a empleados como trabajadores, no amigos.* Se trata de algo difícil para muchos empresarios, incluyéndome a mí. De hecho, todavía me cuesta mucho trabajo. En más ocasiones más que quisiera recordar, me he quedado dolida

por empleados que me han dejado inesperadamente, robado mercancía o me han decepcionado en alguna otra forma. Para ser muy honesta, empleados robarán de usted si se les da la oportunidad. Es muy difícil separar lo personal de lo profesional y cuando trabajamos con empleados tan estrechamente por tanto tiempo, casi inevitablemente comenzamos a desarrollar un grado de cariño por ellos. No estoy diciendo que esto está mal, pero como propietarios de negocios debemos hacer un gran esfuerzo para mantener estos sentimientos bajo control. Esto es especialmente duro para algunos de nosotros que, naturalmente, como personas, sentimos afecto hacia aquellos cercanos a nosotros. Es decir, cuando se trabaja con alguien día tras día, semana tras semana, mes tras mes, es fácil perder de vista el hecho de que estamos pagandoles para producir resultados por nosotros.

Quizá usted pregunte que es que está mal con el tratamiento de empleados como amigos. Supongo que cada propietario de negocios tiene una toma diferente en este tipo de cosas basada en sus propias experiencias con los empleados, pero mis propias experiencias me han llevado a creer que los empleados finalmente aprovecharán de su amabilidad de alguna manera. Muchas veces he tenido a empleados a llamar para decir que no pudieran llegar a tiempo debido a problemas familiares o que tuvieron que salir temprano para coger el autobús y pensaron que yo entendería. Soy una persona bondadosa por naturaleza, y es muy fácil adjuntarme a la gente. Por lo tanto, esta idea de tratar a los empleados como empleados y no amigos no es algo que venga fácil para mí. Sin embargo, he madurado como dueña de un negocio y ahora soy mucho más dura con mis empleados y como resultado pierdo menos sueño por la noche preocupándome por la amonestación o despedida de un empleado. En otras palabras, ahora he construido una barrera emocional entre mis empleados y yo. Cuando sienta que me derivo un poco demasiado cerca a que línea imaginaria que separa empleado y amigo, vuelvo mentalmente a las experiencias que he tenido en los últimos años cuando los empleados han confundido mi bondad por ingenuidad o debilidad. Por el contrario, he visto a empleadores llevar comida a los empleados, bromar con ellos, etc. En mi opinión, esto crea un dilema para el propietario de la empresa cuando él o ella se ve obligado a reprimir a los empleados. Parece como que intenta reprimir a un amigo o miembro de la familia, y todos sabemos lo difícil que esto puede ser. Cuando lazos emocionales nos distraen, compromete nuestras posiciones de autoridad. En un sentido similar, felicite a sus empleados cuando sea apropiado, pero no se vaya por la borda. Tiene que ser capaz de trazar una línea entre cumplementandoles (en última instancia para inspirarlos a trabajar duro, ser leal y actuar en su mejor interés) y dando la impresión no deseada que usted los necesite más que le necesitan a usted.

Si usted es como yo, y naturalmente tiene problemas para separar el empleado y amigo, imagínese que ellos estén aprovechandose de usted en cierto modo, riendo detrás de su espalda, porque usted se creía que estaban verdaderamente enfermos o algo similar. Póngale alguna emoción sobre ella. Imagíne a los empleados en quienes ha confiado y con quienes ha desarrollado una conexión emocional robandole en alguna manera o hablando excesivamente en sus teléfonos celulares cuando debían estar ayudando a los clientes. Eso no quiere decir que lo harían, por supuesto. Siempre creo en darles el beneficio de la duda con cosas como esta. Todo lo que estoy diciendo es que imaginar este tipo de cosa puede ayudarle a construir alguna aversión natural al querer hacerse amigos con sus empleados. Puedo garantizarle que no le quieren para su amigo. En su mayor parte, empleados de minoristas están ahí para ganar un sueldo con lo mínimo de esfuerzo posible y, a continuación, seguir adelante con sus vidas. Tratarlos con respeto, sí. ¿Desarrollar una amistad con ellos? Definitivamente no.

Sin embargo, dicho esto, también hay que inspirar a sus empleados. Les da una meta o algo a qúe aspirar a diario. Por ejemplo, mencioné anteriormente que me gusta darles a mis empleados objetivos espontáneos. Si están haciendo bien en una velada especial y están cerrando con un gran número--digamos $1000 en ventas brutas es el punto entre un buen día y un gran día--voy a decirles algo como, "Oigan, si podemos llegar a $1000, les voy a dar $10 extra."

Increíblemente, este bono espontáneo es altamente efectivo. Quizás simplemente es algo innato dentro de una persona que le gusta un reto imprevisto. Todo lo que sé es que esta técnica parece funcionar.

También, enséñeles a tener una actitud positiva y estar informados acerca de los productos. No hay nada más perjudicial para el resultado de una venta potencial que si el vendedor constantemente responde, "no sé" a las preguntas de los clientes. Por otro lado, estar bien informados acerca de un producto es una forma infalible para ayudar a cerrar una venta, en gran parte debido a la confianza aumentada del vendedor, que tiende a brillar a través de la interacción con el cliente.

Por último, siempre esté dispuesto a dar palabras de aliento a sus empleados y a reconocer sus logros. Muchos empleados en este tipo de posición nunca han sido los recipientes de mucho aliento en la vida y están en necesidad desesperada de alguien a reconocerlos por sus logros. En otras palabras, el componente psicológico es casi tan importante como el componente financiero. Haga que los empleados sientan que están beneficiando en todas las formas, no tan sólo monetariamente, de trabajar con usted. Vamos a reconcer que en la mayoría de los casos, el dinero que uno gana como un vendedor por menor no es una cantidad enorme. Ayuda con retención, moral del empleado y la "vibra" general cotidiana si los empleados sienten que son tratados bien y son valorados como seres humanos.

Sin embargo, a pesar de sus esfuerzos, en muchas ocasiones las cosas no funcionarán con un empleado. Tradicionalmente, la industria minorista siempre ha experimentado una rotación alta de empleados. Las horas son largas, los trabajadores tienen relativamente poca educación y muchas veces, pasarán a otro puesto de trabajo si se ofrecen unos pocos centavos más por hora. Bueno, sin embargo, a veces usted se queda contento de que un empleado se vaya. De hecho, en mi opinión, es mejor dejar que los empleados malos salgan de su propia voluntad que para usted a despedirlos. Despedir a un empleado, además de ser estresante para usted como empresario, puede colocarle en una posición de ser un objetivo de venganza, ya sea en forma de demandas frívolas o actos violentos contra su persona o su negocio.

7. *Sepa quién es su competencia y lo que ofrecen.* Aunque muy importante, esto es algo que muchos empresarios pasan por alto o a que no prestan suficiente atención. Sabiendo quién es su principal competencia, lo que ofrecen, cómo lo ofrecen y cuáles son sus ventajas competitivas es esencial para el éxito a largo plazo. Esta inteligencia es algo que las grandes corporaciones han hecho ahora en un nivel muy sofisticado durante décadas. Aunque una pequeña empresa probablemente no contaría con los recursos (ni los necesitaría) para la recolección de su competencia en ese alto nivel de inteligencia comercial, conocer los detalles de su operación sólo podrá ayudar. Si es posible, plantéese como

cliente usted mismo (si no cree que le reconocen), mire por su tienda, hága preguntas a sus asociados de ventas para ver lo que es el nivel de servicio al cliente, compare precios y ofertas de mercancía, etc. También conozca su ambiente, su nivel de servicio (y cliente donde se pone de pie en la relación) y cómo se compara en general. Si cree que se reconocería si va personalmente, envíe a un empleado de confianza. En otras palabras, intente obtener la información más detallada y precisa posible sobre aquellos negocios que representan su principal competencia.

Una vez que tenga esa información, puede dar precios a su mercadería en consecuencia. Es muy posible que sus precios son demasiado altos o demasiado bajos. Contrariamente a la creencia popular, la competencia es realmente una cosa buena para los dueños de negocios. Nos obliga a empujarnos a nosotros mismos para mejorar nuestras empresas. El objetivo final para cualquier negocio es la supervivencia y la prosperidad a largo plazo. Debemos conocer nuestra competencia a fin de ayudarnos a lograr este objetivo.

8. *Crée un ambiente acogedor para los clientes.* Soy un firme creyente de que hacer compras debe ser una experiencia placentera. Como ya mencioné, sólo el acto de comprar cosas libera productos químicos de "sentirse bien" en el cerebro. Por eso algunas personas se sienten adictos a las compras--la "alta" es similar al juego o ganar la lotería. Tantas veces, como dueños de negocios no tenemos que

hacer mucho para conseguir que la gente parta con su dinero. Sin embargo, también es bonito y mucho para nuestro beneficio, crear una atmósfera que "facilita" clientes a que partan con su dinero. En otras palabras, música relajante (normalmente toco algo de rock suave de los años 70 en el fondo), patrones de colores bonitos en las paredes, y la disposición de mercancía son todas cosas que uno puede hacer para mejorar el ambiente de la tienda. Por último, los empleados vestidos adecuadamente y de manera profesional es algo que nunca le fallará. Queremos crear un ambiente relajante para mejorar su decisión de pasar, o al menos no atascarla.

Este último factor es pasado por alto a menudo pero es algo con que siempre he tenido problemas. He tenido a empleados que vienen a trabajar viendose básicamente sin hogar—vestida no lavada, mal aliento, cabello desarreglado y viendose por lo general como no les importa ni un ápice sobre su apariencia. Incluso he intentado llevar algo de mi ropa usada para varios de mis ex-empleados a llevar, con la esperanza de que esto ayudaría a aliviar el problema y no darles cualquier excusa para entrar en trabajo tan despeinados. Sin embargo, para mi disgusto, esto no ha ayudado nada. He llegado a darme cuenta de que la gente en general y los empleados en particular, tienen que enorgullecerse de su apariencia y aspecto profesional y atento, simplemente porque ellos mismos quieren aparecer así, no porque estoy pidiendoselo (o amenazando a cortar sus horas si no lo hacen).

He oído decir que deberíamos vestirnos para el trabajo que aspiramos a tener, no el trabajo pasamos a tener ahora. Por ejemplo, incluso cuando estaba en mis años 20 y limpiaba habitaciones de hotel o trabajando como cajero de un tienda de conveniencia, siempre tuve orgullo en mi apariencia. No tenía mucho dinero, pero siempre hice un esfuerzo a prepararme bien y tener ropa limpia. Durante mi carrera como funcionario, en que lo hice todo, desde gestionar alojamiento de base militar hasta trabajar en la gestión de instalaciones en un hospital de base, siempre tuve gran orgullo en mi apariencia y llevaba vestidos, tacones agradables y bufandas. Me hizo sentir bien y aumentó mi confianza para escuchar cómo gente comentaba positivamente acerca de mi apariencia y me felicitaban por ella.

En suma, sólo recuerde que los clientes tienen muchas opciones en donde pueden gastar su dinero--o incluso no gastar su dinero. Esto es especialmente cierto en el mercado actual donde los consumidores son más sofisticados que nunca. A fin de "ayudar" los clientes a tomar la decisión de gastar sus dólares en tu tienda, debe hacer todo en su poder para hacer el proceso tan indolora como posible para ellos y para proporcionar una experiencia de compra agradable. Esto se logra a través de un ambiente acogedor y asociados de ventas profesionalmente vestidos y atentos.

9. *Intente controlar los gastos, pero no a cambio de dañar su negocio.* Esto, por supuesto, es una línea muy fina a caminar--un verdadero acto de equilibrio. Siempre he sido muy vigilante en cuanto a lo que considero gastos superfluos, como no estar obligada a pagar a empleados por horas extraordinarias o no comprar mercancía que no necesito. Esto también podría incluir cosas muy triviales como tener un pequeño microondas en la tienda para que pueda traer la comida de casa en vez de tener que comprar almuerzo o cena en el patio de comidas (que además de ahorrar dinero es realmente mucho más sano que comer la comida rápida de allá). Sin embargo, también estoy dispuesta a pagar algo si creo que me ayudará a mantener o crecer el negocio. En otras palabras, siempre estoy buscando nueva mercancía para comprar y normalmente estoy dispuesta a comprar mercancía diferente si creo que hay una buena posibilidad de que se venderá por un buen beneficio. Creo que la mentalidad de muchos propietarios de negocios tiende a inclinarse fuertemente hacia un extremo dado del espectro de ahorro y gasto. Es decir, que se niegan a gastar dinero a menos que sea absolutamente necesario--normalmente estos tipos de almacenes se ven muy estériles y espartanos--o son disipadores y gastan dinero como si fuera agua. Creo que hay un buen terreno mediante entre realizar un seguimiento de los costos y estar dispuesto a gastar para atraer a nuevos clientes y mantener los que ya se tienen.

En lo que respecta al mantenimiento de registros, recomendaría utilizar cualquier sistema en que se sienta cómodo y piense que puede cumplir a largo plazo. He probado programas de software para realizar un seguimiento de las entradas y salidas de fondos pero he acabado gravitando hacia el anticuado método de "lápiz y papel"-- grabar las ventas del día junto con otra información pertinente (por ejemplo, impuestos, etc.), sueldos y gastos de mercancías vendidas. Además, el software de "punto de venta" que utilizo en mi ordenador/caja registradora realiza una cuenta de ventas diarias, semanales y mensuales y hace muy bien en cuanto a poder realizar un calculo de las finanzas de mis tienda. Por lo tanto, mi consejo es que hága lo que esté acostumbrado y se sienta cómodo a hacer. No dejes que nadie te diga que un programa de software de computadora es intrínsecamente mejor que un método anticuado. Una vez más, el objetivo es estar en el negocio a largo plazo, y debe mantener las finanzas sobre una base diaria, por lo que utilice algo que usted entienda y con que puede vivir.

10. *Páguese a usted mismo antes de pagar las facturas.* Pagarse a usted mismo en primer lugar es la única manera que construirá la seguridad financiera como para jubilarse, independientemente de cuánto gana su negocio durante los años. Es tan fácil mirar tu cuenta bancaria y pensar, "tengo *esta cantidad* de dinero en mi cuenta, así que puedo comprar *esto* de inventario" o algo del estilo. Por mucho que puede

amar a su negocio (como amo el mío), nadie puede saber lo que depara el futuro. Por lo tanto, es esencial guardar no tan sólo para la jubilación, sino también tener un fondo de "día lluvioso" con lo suficiente para seis a ocho meses de gastos de vida.

¿Cuánto es suficiente para guardar? Reglas empíricas difieren sobre este asunto, pero yo diría que es prudente dedicar al menos el diez por ciento de su beneficio bruto hacia la jubilación (más si usted realmente se dedica a esa idea) y otro cinco por ciento para el fondo de "día lluvioso". Si usted tiene deuda, sin embargo, debe añadir otro cinco por ciento de ganancia bruta al mes hacia reducirla. No es difícil hacer una vez que obtenga el hábito, porque el dinero que no tiene en la mano es dinero que no perderá. Cuando se sienta a escribir cheques para sus cuentas por pagar (facturas), sólo escríbase uno a usted mismo (o a su fondo de retiro) al mismo tiempo. Usted sentirá un enorme sentido de libertad una vez que vea crecer su saldo. Además, se sentirá un gran alivio cuando haya pagado sus deudas de consumidor. El no deberle dinero a nadie, saber que tiene lo suficiente en su jubilación y otras cuentas de inversión, y no tener que trabajar si no quiere le proporcionarán un sentido de libertad increíble.

Aunque los porcentajes que he indicado son importantes, es sólo una parte de la ecuación. La gran parte de la ecuación es *tiempo*--la cantidad de tiempo que usted tiene hasta la jubilación. ¿Alguna vez escuchó del interés compuesto? En caso de que no está familiarizado con él, se trata sólo de intereses crecientes sobre intereses. Albert Einstein le llamó a interés compuesto de "la octava maravilla del mundo". Aunque esta puede ser una pequeña exageración, no se puede negar que el interés compuesto es la única manera de que la mayoría de nosotros como individuos podemos acumular riqueza. Junto con interés compuesto es la cantidad de tiempo que les damos a nuestras inversiones para crecer y madurar. Para darle un ejemplo simple, digamos que invierte $100 por un año a 5% de interés. ¿Cuánto tendría al final de ese año? Sería $105 ($100 x 1,05). ¿Cuánto de la nueva suma es interés? En este caso, es muy fácil de ver-$5. ¿Qué sucedería si fueramos a dejar este nuevo importe en nuestra cuenta para otro año con la misma tasa de interés? ¿Que es que tendremos al final del año dos? Tendríamos a $110.25, con $5,25 ahora como interés. ¿Qué sucedería si fueramos a dejarlo en nuestra cuenta para un tercer año? Entonces tendríamos a $115.76, ahora con $5.51 como interés. ¿Ve el patrón aquí? Mientras pase el tiempo, nuestro interés está creciendo. Finalmente, la cantidad de tiempo que dejamos en la cuenta será mucho más importante que la cantidad inicial.

Hay una anécdota interesante sobre el poder del interés compuesto. Se cree ampliamente que a principios de los 1600 en la actual Nueva York, los indios vendieron la isla ahora conocida como Manhattan para varias bolas y baratijas con un valor de unos $16. Desde que la inmobiliaria de Manhattan es ahora de las más caras del mundo, parecería a primera vista que los indios hicieron un trato terrible. Si habrían, sin embargo, vendido sus perlas y baratijas, invertido el $16 y recibido 8% de interés compuesto anualmente, no sólo tendrían suficiente dinero como para comprar todo Manhattan, todavía tendrían varios de cientos de millones de dólares sobrantes. Ese es el poder del interés compuesto con el tiempo.

Ahora que se da cuenta de la importancia de pagar usted primero e el ahorro e inversión que van junto con ello, surge la pregunta de *en qué invertir*. Aunque existen innumerables opciones para el público, así como específicamente para individuos autónomos, tocaré en sólo algunos de los vehículos de inversión más conocidos. El primero es fondos mutuos. Los fondos mutuos ("mutual funds") juntan dinero de miles de inversionistas y compran acciones en docenas (a veces cientos) de empresas diferentes. Por lo tanto, cada "parte" de un fondo mutuo realmente está formado por las poblaciones de numerosas empresas subyacentes. Hoy hay literalmente miles de fondos mutuos que invierten en sectores como las empresas de productos de consumo, alta tecnología y productos naturales. Por lo tanto, hay mucho para elegir. Uno de los principales beneficios de fondos mutuos es que normalmente puede abrir una cuenta con muy poco dinero (normalmente $1.000 o menos) y puede hacer inversiones posteriores de tan poco como $100. Esta es una de las razones de que su popularidad se ha disparado en las últimas décadas. No compro las acciónes individuales de una empresa, porque pueden ser sumamente volátiles. Los fondos mutuos, sin embargo, constan de muchas acciónes de empresas diferentes, por lo que los beneficios de diversificación (de "no poner todos los huevos en una canasta") comienzan a aplicar.

Si está buscando un vehículo de jubilación, hay varias buenas opciones. Existe la Cuenta Individual de Jubilación (*Individual Retirement Account o IRA*) que viene en forma de "tradicional" o la forma de "Roth". La diferencia entre ambos es que la *IRA* tradicional le permite deducir sus contribuciones anuales de sus ingresos, lo que reduce sus impuestos federales cada año. El beneficio del *IRA Roth* es que, mientras las contribuciónes no son deducibles de impuestos en el año correspondiente, le permitirá retirar su dinero libre de impuestos. Actualmente, la edad mínima para empezar a retirar sus fondos de *IRA* (en cualquier forma) sin pena es 59½. Todavía hay cierto debate sobre cuál es la mejor opción, y aunque varía dependiendo de su situación, la mayoría de asesores financieros ha argumentado que la versión de Roth es el óptimo para la mayoría de la gente. La contribución máxima actual para cada versión es $5.000 por año para una sola persona y varios miles de dólares más para una pareja casada. Sin embargo, un elemento adicional que permite el Servicio Interno de Rentas Públicas (*Internal Revenue Service o IRS*) es para las personas mayores de 50 años a contribuir hasta $6.000 anuales. Esto ayuda a quienes más tarde en la vida se encuentran un poco retrasadas con sus cuotas de IRA para que se pongan al día. Otros vehículos de jubilación son el fondo de retiro de la *SEP* y el *Plan Keogh*. Estas son herramientas exclusivamente para individuos autónomos y les permiten poder ahorrar más fondos para la jubilación cada año. Si usted está interesado en alguno de estos vehículos de inversión, le aconsejo que aprenda más sobre ellos a través de internet o un asesor financiero antes de comenzar a invertir. Si ya tiene uno o más de estos vehículos, maximice esas contribuciones anuales.

De nuevo, pague a sus proveedores, sus empleados y el alquiler en su espacio de almacén. Sin embargo, antes de todo, páguese a usted mismo. Como sabe, el tiempo pasa rápido y la jubilación está más cerca de lo que piensa. El "usted futuro" le agradecerá.

11. *Mantenga buenas relaciones con sus proveedores, pero siempre esté en busca de otros nuevos.* Talvez sus proveedores no sean personas que normalmente considere importantes para su negocio. Sin embargo, encontrar proveedores honestos, éticos y confiables es tan importante para el éxito a largo plazo de su negocio como los otros interesados, como los clientes y empleados. Aunque no es tan "sexy" hablar de buenos proveedores como es hablar acerca de cómo ganar más clientes y cómo les encanta su producto o servicio, es de vital importancia.

Ante ese hecho, siempre es una buena idea mantener las mejores relaciones posibles con sus proveedores. Debe tratarles tan amable y cortésmente como posible, sin demoras en pagar, y en general ser un buen cliente (recuerde que usted es su cliente). Sin embargo, eso no significa que ciegamente acepte sus precios o tenga miedo de pedir descuentos--usted siempre debe negociar con los proveedores. Además, esté siempre en busca de nuevos proveedores, igual que ellos siempre están en busca de nuevos clientes. Es una buena idea tener al menos tres o cuatro proveedores buenos y confiables en cualquier momento y siempre tener los ojos abiertos para unos nuevos.

He escuchado de compañeros empresarios en más de una ocasión que tienen tan sólo un proveedor. Cuando les pregunto sobre esto, normalmente responden algo al efecto de "Ah, pero son tan buenos y me dan unas ofertas fantásticas". Bueno, eso está todo muy bien, pero tengo un par de preguntas para gente como esta. En primer lugar, ¿cómo sabe que le están dando tales ofertas si no les ha comparado con otros posibles proveedores? En segundo lugar, ¿qué hará usted si un día sale su proveedor? Las empresas fracasan cada día. Si tan sólo cuenta con un único proveedor, se quedará perdido si un día llama para hacer un pedido y viene un mensaje grabado en la línea que diga, "el número que ha marcado ya no está en servicio." Por lo tanto, recomiendo tener a varios buenos proveedores y que siempre intente cultivar más. Si lo hace, no sólo que nunca tendrá que enfrentar la situación que acabo de describir, también tendrá la ventaja de hacer competir los proveedores uno contra el otro para bajar los precios. En otras palabras, se puede decir a un proveedor algo como, "proveedor dos está dispuesto a darme un envío del producto x para sólo y cantidad. ¿Puede usted superar esto?" Es siempre una posición ventajosa en la cual estar, sobre todo porque nadie quiere perder a un cliente estable y bien pagado. A usted no le gustaría, ¿cierto?

12. *Mantenga su vida financiera usted mismo.* Es una idea algo radical, pero que creo firmemente es cierto: el dinero siempre está por ahí, sólo tiene que agarrarlo. ¿Qué significa esto exactamente? Siendo una inmigrante del sudeste de la Asia, soy muy consciente de lo que es la pobreza. Aunque teníamos electricidad en mi casa como una niña, era propensa a apagones y por lo tanto no era confiable. Sin embargo, no teníamos agua corriente, así que una de mis principales tareas domésticas de niña era la de recoger agua de la ciudad para mi familia. Cuando mi experiencia en un campo de refugiados como una recien-llegada a este país "se agrega a la sopa", con certidumbre puedo decir que estoy familiarizada con la vida de poco dinero y pocas posesiones materiales.

Mientras haya vivido en los Estados Unidos, siempre me he sorprendido por la cantidad de riqueza que está en nuestra sociedad. Esta riqueza, en mi opinión, es accesible a cualquier persona con una cantidad mínima de ambición. Cuando era joven, limpiando habitaciones de hotel en la playa, siempre estuve impresionada con los coches de lujo que veía en el estacionamiento del hotel y las generosas propinas algunos de los patrones de hotel me dejaban. Cuando trabajaba con el servicio civil, siempre me impresioné con los presupuestos que controlaba mi departamento; sumas que parecían astronómicas para mí pero que eran realmente tan sólo unas "gotitas" en el gran esquema de las cosas. Ahora como empresaria de comercios minoristas y habiendo estado involucrada en bienes raíces durante varios años antes de eso, me asombro por las sumas de dinero que he sido lo suficientemente afortunada a ganar. Además, estas sumas han parecido a llegarme a mí con sólo lo que yo considero una cantidad razonable de esfuerzo. No le estoy diciendo esto para impresionarle, sino para recalcar que adquirir el dinero no es un objetivo insuperable. Está allí para recoger con tan sólo una cantidad moderada de esfuerzo, una meta clara y una estrategia para lograrlo.

Sin embargo, dicho esto, insto enfáticamente a que manténga su vida financiera por sí mismo, especialmente si está haciendo mejor que los otros propietarios de negocios. Nada bueno puede provenir de ostentar su éxito financiero, y muy fácilmente puede hacer enemigos y crear sentimientos negativos de esta manera. Desde mi primera tienda que se abrió en enero de 2008, he ganado bien, un promedio muy por encima de la mayoría de los otros comerciantes vecinos en términos de ingresos por ventas brutas. Iría tan lejos como para decir que gano dos o tres veces más que los propietarios vecinos que venden artículos muy similares. Como he descrito anteriormente a lo largo de este libro de memorias, creo que lo que me distingue es mi atención al detalle, mi entusiasmo por el servicio al cliente y mi ética de trabajo (paso alrededor de 60 a 70 horas mínimo allá por semana, a veces más). En otras palabras, hay una razón que he hecho tan bien, no me ha llegado por simple casualidad. Sin embargo, a pesar de esto, sé que hay muchos propietarios de negocios en el centro comercial y a lo largo del *Riverwalk* que son envidiosos de mi éxito, independientemente de la cantidad de esfuerzo que le he echado para lograrlo.

Pronto reconocí que debido a esta envidia hacia mí, necesitaba ser discreta en mis relaciones con otros dueños de negocios y no jactarme de mi éxito. He intentado ser modesta en mis operaciones diarias y en un sentido "quedarme bajo el radar". Sin embargo, a pesar de mis esfuerzos, la palabra invariablemente se difunde que opero uno de los negocios más rentables--si no el más rentable para el tamaño--a lo largo del *Riverwalk*. Observo a otras empresas mientras ando por el centro comercial, y siempre intento tener un oído agudo a lo que está sucediendo a mi alrededor. Lo que veo más a menudo son dueños de negocios que pasan sólo unas pocas horas a la semana (normalmente para entrega de mercancía, recoger cualquier dinero de ingresos por ventas o echarle un vistazo rápido) y propietarios de negocios que, mientras deseando tener ventas superiores, no están dispuestos a ponerle en esfuerzo superior. Con toda honestidad, operar un negocio en el *Riverwalk*, o en cualquier parte, no es realmente "cirugía cerebral"--pero es trabajo muy duro. Sin embargo, aunque es un trabajo duro, realmente disfruto estar ahí y me siento bendecida a tener a mi negocio.

En suma, mantenga sus negocios financieros usted mismo--especialmente si es exitoso (o tenga más éxito que sus colegas). Si un propietario de un negocio compañero le pregunta cómo van las cosas--esto es para tratar de obtener información y no porque está realmente interesado en su estado de bienestar--simplemente puede responder algo al efecto de "las cosas están bien, pero podrían estar mejores". No se jacte de sus asuntos financieros--nada bueno puede venir de ello. Recuerde que quienes sonrien a su cara también pueden trazar su desaparición detrás de su espalda. Busque amistad y camaradería fuera del lugar de trabajo.

13. *Siempre manténgase atento.* Cuando usted opera un negocio, especialmente si da la apariencia de ser exitoso, estafadores y timadores de repente aparecen para intentar sacar provecho de usted. La mayoría de estas personas sin escrúpulos realmente se lo justifican por pensar que usted tiene mucho, y que tienen tan poco (y que se les asignó un "trato injusto" en la vida) que debería poder robar de usted-- casi como que ha hecho algo mal para estar en la posición en que está.

Cuando se le rodean individuos que ofrecen servicios y que dicen tener su mejor interés en mente, sea cauteloso. Ser cortés pero también consciente de segundas intenciones. Solicíte referencias y material escrita, compruebe su ubicación física, etc. Mejor aún es sólo hacer negocios con empresas acreditadas--olvide a las que parecen que pudieran desaparecer de noche para el dia, incluso si le prometen una tasa más baja. Un corolario de esta idea es ser cuidadoso sobre préstamos de dinero--incluso si son amigos, probablemente no le devolverán su dinero. He prestado dinero a la gente a través de los años que me llegaron con lágrimas en los ojos, prometiendo pagarme en pocas semanas con una saludable cantidad de interés. Lo he abordado aún más ya que he sido dueña de un pequeño negocio. Puedo decir sinceramente que sólo he tenido gente incluso *intentar* pagarme el prestamo menos que la mitad del tiempo. De hecho, no hace mucho tiempo me hice una promesa a mí misma que nunca jamás prestaría dinero a nadie más. Aquí le tengo una sugerencia--si decide prestar dinero, por cualquier razón, simplemente considérelo un regalo. Si le pagan, eso es genial. Si no lo hacen, ya se lo había descontado mentalmente de todos modos.

14. *Manténgase a usted mismo a un nivel superior.* Siendo una minoría, a veces la gente me dice cosas tales como, "¿por qué no vuelve a su propio país?" o que "los asiáticos están quitando todos nuestros trabajos." Sin embargo, hay que seguir sonriendo y decirles que este es su país también.

Muchas personas, independientemente de cuánto leen y escuchan sobre el progreso que como país hemos hecho en materia de tolerancia racial y étnica, todavía sienten envidia hacia las minorías exitosas. Creo que esto es especialmente el caso si uno está en una situación similar a la mía, y entran en contacto con gente de todas partes del país y de todos los puestos de vida para sólo un breve encuentro. En otras palabras, nunca tendrían que enfrentarse una vez más conmigo o las consecuencias de una observación cobarde. Al agregar alcohol a la mezcla (como hay muchos restaurantes y bares a lo largo del *Riverwalk*, alguna gente toma cuando está ahí), hay gente diciendo cosas que probablemente no dirían normalmente. Ahora, la mayoría de las personas con que entro en contacto es buena gente, con amables cosas que decir y solo buscan divertirse con sus familiares y amigos, pero un porcentaje significativo--tal vez dos o tres por ciento--son malintencionadas.

Aunque me enorgullezco de mi patrimonio tailandés y mi pasado, me considero estadounidense. Me convertí en ciudadana naturalizada en 1976, y es más, no he visitado Tailandia desde 1995. Aunque tengo un grupo de amigos tailandeses y conocidos en San Antonio y a veces asisto al templo tailandés de la ciudad, yo soy completamente asimilada, como creo que todos los inmigrantes deben hacer un esfuerzo para ser. Yo interactuo con todos los demás-- incluyendo a mis hijos y otros familiares--en inglés y hago un esfuerzo para ser embajadora de ambas culturas.

En resumen, mi opinión es que si usted es una minoría o un inmigrante, tiene que mantenerse a un nivel más alto que las personas que nacieron aquí. Esto es especialmente cierto si usted se ve algo diferente de la estadounidense "típica" o tiene un fuerte acento, ambos que me describen a mí. En otras palabras, trato de ser extra-amable, respetuosa, y cuidadosa en mis relaciones con las partes interesadas (clientes, proveedores y gestión del centro comercial). Una vez más, siempre he encontrado que la mayoría de la gente sea muy abierta a los inmigrantes y gente de otras culturas, pero siempre habrá gente que se molesten que usted esté aquí, especialmente si parece ser más exitosa que son ellos y piensen que está "quitando trabajos de personas que nacieron aquí". Mi consejo es saludar a estas personas con una sonrisa y enviar un buen pensamiento en su nombre. A continuación, ¡a ganar dinero!

15. *Sea ético en todos sus negocios.* He guardado este para el final porque creo que es el respaldo de todos los demás. Es supremamente importante actuar en forma ética en todo momento con sus clientes, proveedores, empleados y otros componentes con quienes trate diariamente. Sin duda, en el corto plazo puede sentir como si está saliendo adelante por "doblar las reglas" o actuar de manera deshonesta o inmoral. Concedo que es una tentación--también he sido tentada a comportarme de conducta dudosa durante los años. Sin embargo, al final, actuar deshonestamente o conducta sospechosa sólo volverá a lastimarle. En otras palabras, no

escribe cheques sin fondos ni engaña a sus proveedores en sus facturas, etc. Además de ser poco ético, cosas como escribir cheques sin fondos son realmente felonías en muchos estados--en otras palabras, usted posiblemente podría ir a la cárcel para escribir un cheque así. ¿Vale la pena ese riesgo por ahorrar unos pocos dólares en el corto plazo? En mi opinión, la respuesta es absolutamente no.

Si quiere algunos ejemplos verdaderos de empresas de renombre que pueden rastrear su desaparición al trato inético de sus ejecutivos, mire a compañías como Enron, WorldCom, Arthur Anderson y Tyco. Estas empresas eran consideradas entre la élite en sus respectivos campos durante muchos años, pero fueron llevadas a sus rodillas en breve orden por el trato inético de unos pocos (sus principales ejecutivos en su mayor parte). Por lo tanto, mi consejo es tomar la visión a largo plazo y actuar siempre de manera ética. Si no está seguro si algo podría ser considerado ético o no, sólo hágase la siguiente pregunta--¿le gustaría que sus acciones estuvieran en la portada del periódico?

Capítulo VI
El Mensaje

Ahora me gustaría cambiar el foco un poco y empezar a describir algunos principios generales que le ayudarán en el logro de cualquier objetivo que tiene en la vida, independientemente de lo que esto puede ser. Creo que las siguientes lecciones le llevarán bastante lejos para ayudarle a vivir una vida próspera y fructífera, independientemente de la dirección. Estas son las lecciones que he aprendido a lo largo de mi vida a través de experiencias personales y las cosas que he leído que he intentado aplicar de una forma u otra.

Lección 1--Sepa lo que quiere.

Como todos sabemos, todo el mundo tiene un límite de recursos y energía. Por lo tanto, tenemos que saber lo que queremos en nuestras vidas personales y profesionales. Si no sabemos lo que estamos persiguiendo, nuestros cerebros no tienen nada a que "agarrar"--no hay nada para guiarnos. Sin embargo, si tenemos una imagen mental clara de lo que deseamos, o incluso lo escribimos en un lugar donde lo vemos a menudo--al menos una vez al día--entonces mantenemos una mayor posibilidad de éxito. Para mí, ese "algo" fue tener mi propio negocio. Incluso cuando estaba limpiando habitaciones de motel, sabía que era destinada a hacer algo más grande. En ese momento en mi vida, yo no estaba segura de lo que era ese "algo". Mientras crecía, comenzaba a perfeccionar exactamente lo que quería y comencé a tener una imagen mental fuerte y bien definida de lo que yo quería para mi vida. Mi ambición me llevó finalmente al campo de bienes raíces y, a continuación, ser propietaria de varios negocios en el *Riverwalk* de San Antonio. Aunque nunca he sido alguien para escribir o notar mucho (inglés escrito siempre me ha sido difícil), mi visión clara de lo que quería me llenaba con ambición y me llevó a finalmente realizar mis proyectos de negocios.

Saber lo que quiere le proporciona a su mente un "destino final". En otras palabras, aunque talvez no sepa exactamente cómo va a lograr el resultado particular, tiene un "juego final". Es similar a cuando usted se inicia en un viaje por carretera. La mayoría del tiempo, tiene un destino final, un lugar a donde al final de cuentas le gustaría llegar-- por ejemplo, Nueva York. Empaca su coche, llena el tanque de gas y comienza hacia la "gran manzana". A pesar de que no sabe exactamente cómo va a llegar, lo más probable es que llegará a su destino. En el camino, usted mira con frecuencia a su mapa, vigila la señalización vial y tal vez incluso se pierda un par de veces. Lo importante es que sabe lo que es su resultado--lo que en definitiva quiere lograr.

Todos queremos dinero, amor y sentirnos importantes. Sin embargo, cada uno de nosotros valorizamos estas cosas, junto con muchos más, diferente de los demás. De hecho, valorizamos estas cosas diferentemente en el transcurso de nuestras propias vidas mientras nos maduremos y nuestras prioridades cambien. Está bien tener un objetivo o meta en un momento en su vida y, a continuación, varios meses o años más tarde pensar y darse cuenta, "ya no quiero esto. Ya no es importante para mí." No hay nada malo con eso. Recuerdo que esto ha ocurrido en mi propia vida en muchas ocasiones. Si esto le sucede, sólo pregúntese, "¿Qué me es importante a mí ahora? ¿Cuáles son mis metas en este momento de mi vida?" Luego se replantea y sigue avanzando. No se siente "casado" con un objetivo que ya no tiene sentido para usted.

Con esto dicho, sin embargo, no se deje "fuera del gancho" para no perseguir algo que es realmente importante. Pregúntese por qué no ha hecho más avances sobre ella. ¿Es porque pasa demasiado tiempo con actividades que añaden poco a su vida, tales como televisión excesiva? Por otro lado, ¿es porque su familia ha requerido más tiempo de usted? Soy un gran creyente en la familia y creo que a veces hay justificaciones legítimas de por qué no alcanzamos nuestras metas, pero sea honesto consigo mismo. Si necesita hacer cambios en su programación diaria para acomodar sus objetivos, entonces hágalo. Si encuentra que trabaja mejor de mañana que de noche, a continuación, programe el tiempo para lograr objetivos en la mañana. Siempre trate de dar prioridad a sus objetivos--asígneles tiempo antes de permitir tiempo para nada más. Conózcase el cuerpo y sea honesto consigo mismo en cuanto a sus fortalezas y debilidades mentales y físicas.

Lección 2--Sea consciente de sus pensamientos.

Nuestros pensamientos están nuestra fuente más poderosa de energía--más potentes que los alimentos, bebidas o el sueño. Como dice el Buda, "lo que somos hoy proviene de nuestros pensamientos de ayer, y nuestros pensamientos presentes construyen a nuestra vida de mañana. Nuestra vida es la creación de nuestra mente. Tu peor enemigo no te daña tanto como tus propios pensamientos desprotegidos. Pero una vez dominado, nada puede ayudarle tanto" (www.thinkexist.com/quotes/buddha). Otra cita que siempre me ha gustado es de Shakespeare, "no hay nada bueno o malo, pero pensar lo hace así" (www.enotes.com/shakespeare-quotes). ¿Qué es que estas ideas nos dicen? Para mí, indican la tremenda importancia de ser consciente de los pensamientos que pasan por nuestros seres conscientes y subconscientes.

¿Alguna vez ha escuchado el proverbio, "Eres lo que comes"? Pues bien, creo firmemente que somos lo que pensamos. Cualquier pensamiento que produce nuestras mentes constantemente se convierte en nuestra realidad física. No creo que nadie entiende plenamente cómo esto puede ser cierto, pero si usted escucha las historias de vida de las personas más exitosas en cualquier aspecto de la vida, sin duda, llegará a creer que es cierto. Soren Kierkegaard, el psicólogo y filósofo holandés del siglo XIX, lo dijo muy sucintamente, "nuestra vida siempre expresa el resultado de nuestros pensamientos dominantes" (www.quotationsbook.com/quote/38942). ¿Alguna vez ha escuchado o leido sobre la vida de una estrella de cine, atleta profesional, cantante o cualquier otra celebridad que admira? Invariablemente, uno de los temas comunes en todos estos tipos de historias es que durante muchos años sus pensamientos dominantes giraban en torno a ser exitosa y de hacerse grandes en su profesión elegida. "Lo comió, lo durmió y lo bebió" durante muchos años antes de que realmente se hizo un éxito grande o fue "descubierto".

¿Alguna vez se ha atascado usted en algún tipo de "funk" mental? Si es honesto consigo mismo, ¿cuál es la causa subyacente en la gran mayoría de los casos? Por lo general tiene algo que ver con sus pensamientos--la manera de representar las cosas a sí mismo (en este caso, sería negativamente). Si está en este estado mental, tiende a tener pensamientos principalmente negativos por tiempo suficiente como para cambiar su actitud mental ante la vida y probablemente lo suficiente como para incluso cambiar su sentido de bienestar físico. Sí, creo que los pensamientos son lo suficientemente poderosos como para cambiar físicamente cómo se siente; literalmente se altera la química del cuerpo. Si no me cree, piensa en la siguiente pregunta. ¿Cuando empezamos a pensar en nuestros niños comportandose mal o tratando con un empleado problemático--previendo la peor escenario posible--cómo reacciona nuestro cuerpo? ¿Puede sentir su corazón empezando a golpear más rápido, su presión arterial comenzar a subir, y tal vez comenzar a palpitar su cabeza? ¿Por qué sería, a no ser que los pensamientos literalmente tienen el poder de alterar nuestra fisiología?

Lección 3--Comience con "el fin en mente".

He utilizado esta técnica a través de los años, consciente y subconscientemente, para metas grandes y pequeñas. Aunque creo que todos estamos familiarizados con esto en un nivel intuitivo, es algo que también he visto expresado en la literatura de psicología popular. Se propone la noción muy simple (pero extremadamente potente) que cuando tiene un objetivo, piense sobre el resultado final— ¿cómo es que quiere que termine? Trabaje desde ese punto final para ayudar a determinar lo que debe hacerse sobre una base mensual, semanal o diaria para lograr el resultado.

Por ejemplo, recientemente estuve viendo uno de los muchos programas de charla que se encuentran en estos días en la TV. El anfitrión estuvo entrevistando a una actriz muy popular de la década de 1970, que ha estado a la vanguardia del movimiento "anti-edad" de los últimos 15 a 20 años.

Mientras que ahora probablemente se encuentra en sus años 50--que no es de ninguna manera anciana, especialmente por las normas de hoy--describió su filosofía hacia el envejecimiento exitoso y saludable. Ella describió cómo comenzó con el "fin en mente"--en este caso, viviendo hasta una edad madura con energía, salud y vitalidad. Con esa imagen que actúa como su referencia mental, ella podría trabajar desde ese fin para ayudar a determinar lo que ella debe comer, cómo debe ejercer y el estilo de vida que debe mantener sobre una base anual, mensual, semanal y diaria para ayudarle a lograr ese resultado final de vigor en la vejez. Así, por ejemplo, cuando se enfrenta con la tentación de comer comida rápida o un postre muy rico, ella realmente podría pensar en su objetivo final y preguntarse a sí misma, "¿Comer este postre me ayudará a lograr mi objetivo final o me lo distanciará?" Se trata de una técnica muy útil--una que nos ayuda a ser conscientes de lo que es de suprema importancia para nosotros.

Por supuesto, no todas las decisiones que hacemos en la vida son tan importantes como lo de cómo nos envejecemos. La mayoría de las decisiones cotidianas que hacemos tienen que ver con cosas como reuniones de negocios, cómo llevarse mejor con nuestros hijos, cómo mantener la chispa viva con nuestro cónyuge, etc. Sin embargo, podemos comenzar con el "fin en mente" aquí también. Por ejemplo, si tenemos una reunión de negocios con un cliente potencial, visualizamos lo que queremos lograr de esa reunión--lo que queremos que sea el resultado. Si nos reunimos con un cliente potencial, obviamente queremos que nuestro resultado sea que esta persona se convierta en un cliente regular. En ese momento, podemos trabajar desde ese final deseado para ayudarnos a determinar cómo debemos llevarnos o qué puntos tenemos que destacar a fin de lograr ese resultado de obtener el cliente. Si el resultado es tener una relación emocionante y vibrante con nuestro cónyuge, entonces podemos considerar lo que tendríamos que hacer para lograrlo. Por ejemplo, noches de salida, dedicarse a ser íntimos una cierta cantidad de tiempo por semana, etc.

Quisiera que usted sacara su "cuaderno de éxito" (usted tiene uno, ¿no? Si no, ¡salga ahora y compre uno!). Ahora me gustaría que pensara en algunos objetivos que tiene para su vida, tanto a corto como a largo plazo, las de mayor importancia para la vida y tambiém las metas que talvez tengan menor importancia. Intente ser lo más claro posible en cuanto a cuál será el resultado de cada uno de estos objetivos. Por ejemplo, si uno de sus objetivos es tener una cabaña de montaña, intente ser lo más específico posible con el tamaño, la ubicación y otras especificaciones de la cabina--que en este caso es el resultado final. Desde allí, comience a trabajar desde el final. Si se trata de una meta de diez años, describa lo que tiene que hacer sobre una base anual, mensual, semanal y diaria para lograr ese objetivo. ¿Dónde estaría en el logro de su meta en el punto de cinco años? Es útil tener este tipo de puestos de control para que pueda hacer ajustes en sus acciones si es necesario.

Una vez más, empiece con "el fin en mente" en sus objectivos de vida grandes, así como los objetivos más pequeños y de corto plazo. Creo que usted encontrará que ésta es una técnica útil y algo que le ayudará a ser consciente de lo que es verdaderamente importante para usted como individuo para no ser "atascado" en las tribulaciones y pruebas diarias de la vida.

Lección 4--Visualice lo que usted desea y hágalo real.

Esto se basa en la lección anterior y es algo que aprendí hace mucho tiempo que parece dar resultados casi místicos. No puedo explicar cómo funciona--todo lo que sé es que funciona, casi con precisión sobrenatural. Se trata de realmente "ver" lo que desea que suceda en el "ojo de la mente" antes de emprender algo. Psicólogos le llaman a este acto "visualización". Es algo que durante décadas he escuchado que hacen los atletas profesionales. He escuchado en entrevistas cosas como, "me siento por unos minutos antes del juego y me visualizo tirando la pelota a donde quiero que vaya". Para utilizar un ejemplo actual, un muy conocido golfista ha hablado muy abiertamente de cómo utiliza la visualización para imaginar la bola hundiendo en el agujero antes de que hace el "*putt*". Otro ejemplo es que uno de los fisioculturistas más famosos de todos los tiempos se sentaba antes de una competencia y se imaginaba a sí mismo golpeando bruscamente todas sus poses y soplando todo el mundo fuera del escenario. Por lo tanto, el concepto no es nuevo para los atletas, pero creo que utilizar este concepto no es algo que la mayoría de nosotros piense hacer en nuestras vidas cotidianas.

Cuando nos visualizamos experimentando exactamente lo que queremos que ocurra, creo que nuestro cerebro recibe "direcciones". Resulta claro, más allá de cualquier duda, que esto es lo que queremos que ocurra. Remonta a la potencia del pensamiento también--creo que los pensamientos son entidades que emiten energía. Así, cuando visualizamos lo que queremos que suceda, con tanta claridad y detalle como nos sea posible, creo que esto ayuda a establecer eventos de movimiento que realmente conduzcan a su frución en el mundo físico. ¿Cómo funciona esto exactamente? Realmente yo no sé--todo lo que sé es que sí funciona. Pregúntele a cualquier atleta, actor, vendedor o otro profesional quien se ve obligado a estar a "la altura de la ocasión". Puede ser que no se han dado cuenta de lo que están haciendo, pero puedo garantizar que se ha incluido el poder de visualización en su rutina en algún momento u otro.

Aquí le tengo otra actividad: me gustaría que identificara un objetivo que ha tenido—perder una cantidad específica de peso, conseguir la valentía de hablar con alguien que ha admirado, dar el primer paso para iniciar un negocio, etc. Entonces me gustaría que usted imaginara que realmente está en el proceso de obtención de este objetivo. Intente incluir tantos detalles como sean posibles, utilizando todos los sentidos posibles (vista, sonido, tacto, olor, etc.). Supongamos que su objetivo consiste en dar una excelente presentación de ventas a un cliente potencial y que el cliente se suscriba a sus ofertas. Usted visualiza nuevamente con tanto detalle y claridad posible, dándole una presentación irresistible a esa persona, siendo más convincente que nunca, con confianza absoluta y luego obtiene la persona como cliente. Imagine su autoconfianza siendo magnetizadora, con sus habilidades de persuasión no dejando al cliente ninguna elección sino de beneficiarse de sus servicios.

Cuando hace sus ejercicios de visualización, es importante hacerlos con los sentidos posibles. Verdaderamente siéntase estrechando la mano con el nuevo cliente, viendo los colores de la corbata que está llevando al hacer esa gran presentación o sintiendo la confianza mientras pasa en el campo de golf. Si desea un nuevo trabajo, proceda a alistar a ese trabajo en su currículum como si ya lo tuviera. Visualice sus tarjetas de negocio con su nuevo título y empresa impresos en ellas. Una vez más, no puedo explicar exactamente cómo o por qué este tipo de cosa funciona, pero ¿para qué cuestionar el éxito? Aquí hay una prueba más de cómo se utiliza este tipo de cosa en el mundo real. Un entrenador de fútbol profesional con su equipo en el *Super Bowl* decidió la noche antes del gran juego ya conseguir las medidas de los dedos de sus jugadores por sus anillos de victoria. No esperó hasta después de que el juego ya estuviera en los libros de historia. Se mostró confiado en la capacidad de su equipo al día siguiente, y lo que es más importante, sin duda, quería darles a sus jugadores la sensación de que ya había ganado el juego. Entendió el poder de la visualización y lo hizo tan real que los cerebros de sus jugadores no tuvieron otra opción sino para hacerla llegar a la fruición en el mundo físico.

Aquí hay otro ejemplo del poder de crear el futuro a través de visualización--¿por qué cree que los vendedores de automóviles le permiten probar un vehículo? Uno de los motivos que están tan ansiosos de que usted lo lleve a dar "una vuelta" es para que sus sentidos puedan visualizar cómo sería tener ese vehículo. Existe el "olor de nuevo coche," el vehículo está recién lavado y encerado con neumáticos brillantes, la tapicería hermosa de piel intacta, y el tablero completo de emocionantes nuevos mecanismos. Todos sus sentidos están involucrados--vista, sonido, olor, tacto y audición. Se imagina lo que sería tener ese coche como propio, probablemente sin darse cuenta conscientemente. El vendedor sabe intuitivamente si él puede conseguir que usted tome una prueba de manejo, sus posibilidades de venta aumentan muchísimo.

No subestime el poder de la mente para darle lo que desea. Déle una imagen clara, con tantos sentidos como sea posible. Piénselo al menos una vez por día, preferiblemente más de una vez. Usted se quedará asombrado con la rapidez que sus visiones se alcancen en el mundo físico.

Lección 5-- Enfoque como "un rayo de láser".

Hay tanto que compete a diario por nuestro tiempo y energía. Es decir, tenemos compromisos con nuestros trabajos, familias, amigos y organizaciones sociales. Entonces, ¿cómo podemos posiblemente tener tiempo para lograr las metas y objetivos que nos planteamos para nosotros? Una forma de lograrlo es prestar atención como "un rayo de láser" a nuestros objetivos. Obviamente, esto nos obliga a tener una visión clara de cuáles son nuestros objetivos y siempre mantener estos objetivos en la vanguardia de nuestras mentes. En otras palabras, hacer algo cada día para acercarnos a nuestros objetivos--si es hacer una llamada de teléfono, escribir un correo electrónico, leer acerca de algo en particular o simplemente practicar una habilidad o técnica.

Todos hemos escuchado las analogías sobre el albañil, quien diligentemente hace grifos en la roca, día tras día, miles de veces. Podría parecer que el artesano no está haciendo ningún progreso, porque al exterior, parece ser el caso. Sin embargo, esos "poco grifos" sobre la roca se acumulan--el efecto neto pronto aparecerá. De repente, después de miles de pequeñas acciones por parte del albañil, la roca se quebra. ¿Qué hubiera sucedido si el albañil lo habría dejado tan sólo un "toque" demasiado pronto? La roca habría permanecido intacta. Es muy similar a la perforación de petróleo--si el taladrero pára tan sólo un pie demasiado corto, no se encontrará el aceite y el precioso recurso permanecerá oculto. Por lo tanto, la lección aquí es seguir adelante, aunque parece que no hay avances. Tenemos que recordar que pequeñas acciones, hechas sistemáticamente, suman.

Así que ¿qué significa esto en un nivel práctico y real de la vida? Para mí significa que usted debería hacer algo cada día para llegar a su meta. ¿Conoce el proverbio "todo gran viaje comienza con el primer paso"? Creo firmemente que incluso los más complejos proyectos o metas parecen más factibles una vez que usted tome ese "primer paso". Un corolario es que cada meta es alcanzable si se toman pasos pequeños e incrementales sobre una base diaria. En otras palabras, cada meta, si es perder 25 kilos, iniciar un negocio o ahorrar $10.000, es mejor logrado por tomar acción directa y mesurada sobre una base diaria. Por ejemplo, como yo estaba ponderando la mejor manera de escribir este libro, sinceramente no estaba segura de cómo podría conseguirlo con todos los compromisos de tiempo que tengo—el manejo de múltiples empresas, prioridades familiares, etc. Por lo tanto, mi estrategia era simplemente a comprometerme a escribir una página al día. Pensé, "eso es factible—eso sí puedo hacer". En ese momento, comencé a entusiasmarme por terminar el libro y podría comenzar a avanzar en ello. Mientras escribo esto, puedo decirles que a pesar de mis otras obligaciones y presiones de tiempo, he podido mantener mi compromiso con este objetivo aparentemente pequeño, pero constante. Yo le desafío a hacer lo mismo. Piense en una meta que quizás haya postergado porque no creía que tuviera el tiempo o energía para llevarla hasta su finalización. ¿Cometer a esa meta de pérdida de peso? ¿Iniciar un negocio familiar? ¿Aprender una lengua extranjera? Realmente no importa--el principio de "pequeños pasos" funciona igualmente bien independientemente de lo que es el objetivo concreto. Supongámos que es aprender inglés. ¿Podría comprometerse a 15 minutos al día de estudio? Estoy bastante segura de que si es una meta que valga la pena perseguir y uno que sea importante para usted, podría encontrar esa cantidad de tiempo cada día. Aunque esta cantidad parece insignificante, si se hace sobre una base diaria, los resultados comenzarán a sumar. Sin embargo, responsabilícese a sí mismo, no deje que un día pase sin sus 15 minutos de estudio.

Si lo piensa, esto es como un rayo láser funciona--es energía concentrada, sólo un fino rayo de luz. Sin embargo, si se centra en el mismo punto por períodos prolongados, independientemente del material, literalmente quema por ello y lo penetra. Se trata de cómo deberíamos ser con cosas importantes en nuestras vidas. Centrarse en ellos, cometer esfuerzo concertado y energía hacia el logro, y muy pronto se empezarán a ver resultados. Quiero ser el primero en extenderle el desafío. Comprométase con un objetivo, póngale atención verdadera, divídalo en pequeños "pasos", y sea diligente en la búsqueda de esos pequeños pasos y usted llegará más y más cerca a su objectivo, una vez desalentador, pero ahora muy factible.

Lección 6--Esté dispuesto a trabajar duro y sacrificarse.

No es ningún secreto que para ser exitosa, una persona tiene que trabajar duro. Sin embargo, a veces lo que parece lo más sencillo resulta ser lo más difícil para atravesar. Siempre he trabajado duro--era algo que desde muy joven era una necesidad de sobrevivencia. Después en la vida encontré que era algo que realmente disfrutaba hacer. Quiero decir, es bueno sentarse después de trabajo duro todo el día y decirse, "Caray, realmente logré algo hoy."

Cuando abrí mi tienda de joyas, sabía que iba a ser un trabajo duro, pero resultó ser mucho más de lo que esperaba. Además de estar en mis pies de diez a doce horas al día, seis días a la semana, tenía que tomar decisiones de contratación, ubicar la mercancía, tratar con proveedores y realizar otras tareas que el propietario y operador de un pequeño negocio tiene que hacer. Así que realmente, era más como ochenta horas a la semana cuando estaba todo dicho y hecho. Si un forastero mira sólo en la superficie, él o ella tendería a pensar, "Es demasiado, ¡no vale la pena!" Sin embargo, no lo he pensado así. Verá que, para mí, es mi vida, es lo que me levanta en la mañana, lo que me "enciende el motor". Sin mencionar que ha sido muy lucrativo financieramente, que es un beneficio adicional. He aprendido por los años que grandes proyectos, como empezar un negocio, muchas veces necesitan mucho impulso y energía para despegar, pero luego una vez que se están ejecutando, no necesitan tanta energía para mantenerlos. Es casi como un avión--cuando está despegando, necesita un gran impulso y energía para despegar, pero después, requiere mucho menos para mantenerlo en vuelo.

En toda veracidad, si se está llevando a cabo algo que realmente ha identificado como importante para usted, como un "objetivo" en el verdadero sentido de la palabra, el trabajo duro no debería ser un problema. De hecho, realmente no debe considerarse "trabajo duro"-- para mí esto tiene una connotación ligeramente negativa. ¿Alguna vez ha escuchado hablar de una "obra de amor"? Este es un modismo hermoso, pero ¿qué significa? Aunque habrá esfuerzo no es monotonía. Es algo que le levanta, le nutre y le hace sentir que está logrando algo digno. Hay muchas cosas en que puedo pensar en mi propia vida que podrían caer en esta categoría, incluyendo la redacción de este libro. Por ejemplo, todavía trabajo jornadas completas en mis tiendas vendiendo a los clientes. Lo hago por varias razones, incluyendo el hecho de que siento que tengo un control mucho mejor sobre de cómo tratar a los clientes que muchos de mis empleados. Después de un día completo de hablar con los clientes, explicando la mercancía y negociando precios, estoy agotada. Sin embargo, es un tipo diferente de agotamiento, casi como una "fatiga maravillosa". En otras palabras, que vuelvo a casa sintiendo bien sobre el día, acerca de lo que he logrado, y el valor que he proporcionado a mis clientes.

¿Qué sucedería si pudiera motivarse a hacer cosas que previamente temía hacer? ¿No le permitiría lograr cosas que anteriormente se creían imposibles? Si se para a pensar por qué usted teme una actividad (como ejercicio), es probablemente porque parece trabajo duro. ¿Qué sucedería si podríamos pensar sobre esto de una manera diferente? ¿Qué sucedería si lo consideraramos una alegría en lugar de una pesadez? ¿Cómo se sentiría acerca de ir al gimnasio o tomar ese paseo?

Es mi desafío a usted a identificar los áreas de su vida que considera "trabajo duro". ¿Cómo puede usted hacerlos más divertidos? ¿Cómo pueden transformarse en actividades alegres? Si usted sinceramente lo da el pensamiento y la consideración que merece, creo que encontrará las respuestas. También es posible que si no puede pensar en formas de transformarlas, estos objetivos no sean tan importantes como pensaba anteriormente. El acto de perseguir objetivos y prioridades en la vida debe ser alegre, ya que estamos bombardeados con tantas cosas que realmente tienen poco o ningún impacto en nuestra calidad de vida. Cuando perseguimos a aquellas actividades que conscientemente hemos decidido que son importantes para nosotros, ellos realmente deben considerarse como "obras de amor".

Lección 7—Hága muchas preguntas.

Esto puede parecer una extraña lección para impartir a las personas, pero me gustaría que parara y pensara un segundo sobre los maestros más influyentes en la historia - Buda, Jesús, Gandhi, etc. ¿A pesar de sus diferentes creencias religiosas y espirituales, qúe tenían en comun como maestros y líderes? Todos ellos hacían muchas preguntas. Esto es algo que podemos hacer también cuando estamos tratando con los otros, pero también es algo que podemos hacer por nosotros mismos. En otras palabras, podemos hacernos preguntas sondeas--"cómo", "por qué", "qué", "dónde", etc. En mi opinión, preguntas desbloquean los secretos del universo. ¿Recuerda el proverbio bíblico, "Pide y recibirás"? Creo firmemente que cuando usted pide algo de sí mismo con sinceridad, encontrará una respuesta. Su mente está capacitada para darle todo lo que pida de ella. ¿Por lo tanto, si este es el caso, no tiene sentido hacer preguntas sólo para las cosas por las cuales queremos recibir respuestas? Así que tenga cuidado cuando usted se hace preguntas negativas como, "¿por qué este tipo de cosa siempre me ocurre a mí?" porque su mente buscará una respuesta, como, "porque eres un tonto!" Sin embargo, si hace preguntas edificantes y positivas, tales como, "¿Cómo puedo alcanzar el próximo nivel de crecimiento espiritual?" o "¿Cómo puedo aumentar la calidad de la relación que tengo con mi pareja?" su mente también buscará en sus interiores para obtener respuestas a estas preguntas. Así que asegúrese de hacer preguntas sólo positivas y edificantes y acabe con las negativas!

Aquí hay otro ejercicio que me gustaría que intentase—lo llamo el ejercicio de "las cien preguntas" porque eso es exactamente lo que es. Me gustaría que agarrara un lápiz y su cuaderno y encontrara un lugar tranquilo para sentarse pacíficamente donde usted no estará perturbado por la duración del ejercicio. Una vez que se asiente en una mentalidad pacífica, permita que su mente se desate y empiece a escribir preguntas sobre usted mismo, su vida, sus relaciones, intereses--cualquier cosa que esté dentro de su "esfera de control". No juzgue sus preguntas en este momento--sólo manténga ese lápiz moviendo para obtener esas preguntas por escrito. Algunos ejemplos podrían ser, "¿Cómo puedo hacer ejercicio todos los días?", "¿Cómo puedo aumentar mi vitalidad y energía?" o "¿cómo sería el aspecto de mi día perfecto?"

Después de obtener estas cien preguntas por escrito, me gustaría que volviera y empezara a buscar temas. En otras palabras, ¿son muchas de sus preguntas sobre salud, familia o cómo empezar un negocio? ¿Son la mayoría de ellos acerca de cómo aparecer más atractiva para el sexo opuesto? Estas agrupaciones de preguntas le darán una buena idea de lo que tu subconsciente considere importante. Puede tener tres o cuatro grupos de preguntas, tal vez más o quizás menos. Una vez que tenga algunas agrupaciones, vuelva a examinar cada uno de ellos. Estas áreas son en lo que debería concentrarse durante el día. Estas son las áreas que su núcleo considera de suprema importancia.

Ahora que usted está acostumbrado a hacer preguntas, esté abierto a pedir en su vida cotidiana. Creo que se sorprenderá en cuánto aprenderá sobre el mundo, lo que motiva a las personas a hacer las cosas y cómo las personas nos ven en general. También hága preguntas sobre usted mismo--preguntar cosas como, "¿Cómo puedo ser mejor en esto?" o "¿Cómo puedo lograr mis objetivos concretos en este ámbito de mi vida?" Porque una vez más, una vez que su cerebro recibe una pregunta, buscará en todos sus "bancos de memoria" para ofrecerle una respuesta, independientemente de si en realidad es correcta (o útil). Por lo tanto, obviamente un corolario importante a esto es hacer buenas preguntas.

Lección 8--Sepa que muchas veces es "dos pasos adelante y uno hacia atrás".

Esto puede parecer como otro *cliché* aparente que todos tomamos por dado. Sin embargo, la cosa sobre *clichés* es que muchas veces hay una riqueza de verdad en ellos. Numerosas veces en mi vida, he sentido estar avanzando en un proyecto o con un trato de negocio cuando algo me toca volver, borrando semanas o meses de trabajo. Si lo piensa, sin embargo, incluso si se está moviendo "dos pasos adelante, un paso atrás," ¡está aún moviendo hacia adelante! Basta con la persistencia para seguir luchando hacia el objetivo fijado. Sin embargo, nuevamente, esto requiere que realmente sepa lo que son sus objetivos--¡qué concepto!

Otro proverbio que he escuchado muchas veces en mi vida es, "No importa cuántas veces usted se derribe, sólo cuántas veces se levanta". Vamos a parar y pensar por un segundo. Todos tenemos contratiempos en vida--desafíos enfrentan a todos nosotros. Muchas veces, nos sentimos como si nos hemos sido "noqueados", o que la vida nos ha tratado injustamente. Lo único que realmente importa, sin embargo, es si "nos recuparamos." En otras palabras, a pesar de los dolores, sentimientos heridos o ego machucado, ¿seguimos avanzandonos hacia en lo que hemos puesto nuestra mirada?

Soy un gran creyente en el aprendizaje sobre la gente más exitosa que alguna vez ha caminado sobre esta tierra. Desde que era una niña, recuerdo estar fascinada por historias de generales militares famosos, cantantes y estrellas de cine. Una cosa que todos ellos tenían en común es que no tuvieron miedo al fracaso. ¿Quién realmente puede decir lo que es fallar? ¿Qué pasa si nosotros simplemente pensamos diferentemente acerca de qué el fracaso significa para nosotros, o poner una nueva etiqueta a lo que pensábamos anteriormente como fallo a algo más positivo, como una "experiencia de aprendizaje"? Hay muchas cosas que, al pensarlas, habría hecho de otra manera en mi vida personal, así como mi vida empresarial. Si pienso en esas experiencias y los llamo "fallas," empiezo a ver esas cosas, así como gran parte de mi vida en general, como una completa decepción. Sin embargo, si les pongo "una nueva etiqueta" a esas cosas, como "vivencias", o "experiencias de aprendizaje", esos episodios parecen repentinamente mucho más llevaderas. Me digo a mí misma, "sí, me equivoqué, pero todos lo hacen cuando están aprendiendo algo". La otra pregunta que me gusta preguntarme es "bien, ¿qúe aprendí de esa experiencia?" Qúe gran punto a reflexionar! Si puedo aprender algo de la experiencia, ¡no ha sido un fracaso! Creo que todos nosotros podemos hacer esto--examinar nuestras experiencias cotidianas, mirar en ellos bajo una nueva luz, y nuestras mentes literalmente las procesan, si no como una experiencia totalmente positiva, al menos más neutra y mucho menos debilitante.

Lección 9—Reconozca que tiene que decidir qué es el éxito significa para usted individualmente.

Aunque el éxito es diferente para todos, probablemente podemos rastrearlo a similares sentimientos subyacentes. Si le pregunto, "¿qué significa tener éxito?", me imagino que empezará a darme una respuesta que se basa al menos en parte a en lo financiero. En otras palabras, podría contarme sobre el coche, la casa, las joyas, etc. Sin embargo, también imagino que si ya comenzaramos a profundizar en lo que es el éxito, usted empezaría a describir los sentimientos que tendría una vez que se había convertido en "exitosa". Estos serían sentimientos como la autovalorización, autoestima, seguridad, etc. Sin embargo, debemos tener un panorama claro en nuestras mentes de lo que significa la palabra "éxito" para nosotros. ¿Significa jubilarse a los 50 años y ir a vivir en el Caribe? ¿Significa tener la cabaña de montaña en Colorado? ¿Significa tener la seguridad de saber que nunca necesitará trabajar otro trabajo "de nueve a cinco"? Tenemos que estar claros sobre lo que estamos persiguiendo--¿cómo sabemos si llegamos a nuestro destino?

Para mí personalmente, el éxito incluye ese componente material, pero también hay un elemento de autoestima involucrada. Cuando era una niña en Tailandia, teníamos muy poco con respeto a posesiones materiales. Sabíamos sobre los Estados Unidos, pero lo destacado para mí, lo que soñé con ser, era volverme en estrella de cine como los que había visto en las películas en blanco y negro que habían venido de América. Podía percibir la importancia, la admiración de los fans, la alta estima que se les atribuia a esas *starlets*. Eso es lo que yo quería para mí. Siempre disfruté estar delante de mis compañeros de clase en la escuela, resolviendo problemas en matemáticas, recitando tablas de multiplicación, etc. Su respeto me dio el impulso para avanzar con mi aprendizaje. Para mí, entonces, una gran parte del éxito es ganar la aprobación de los demás, de ser respetada, apreciada y admirada.

Así, la pregunta clave es: "¿qué es que enciende su fuego interior a brillar más fuerte?" ¿Qúe es que le motiva a hacer lo mejor cada día? He hecho algo de vez en cuando que realmente creo que ayuda--sientese con un lápiz y papel y empiece a escribir sobre lo que es importante para usted. ¿Cuáles son sus metas para el próximo año, cinco años, diez años, treinta años? Sólo deje que su mente sea creativa--no coloque límites sobre lo que es "posible" o no. Simplemente deje su pluma le ponga cosas sobre el papel. ¿Desea ese condominio de playa en Florida? Escríbalo. ¿Desea ese vehículo de lujo en el próximo año? Escríbalo. Sólo permita que su mente se mueva libremente. Hay que darse cuenta de que la definición de éxito es diferente para todo el mundo y que incluso muchas veces realmente no tenemos una idea clara de lo que es nuestra propia definición!

Después de hacer esto, hay que volver y comenzar a poner plazos sobre estos temas. ¿Cuándo desea tener el coche de lujo? ¿Un año, tres años, cinco años? Fije los plazos. Ahora las cosas deben empezar a sentirse más tangibles. ¿Recuerda el viejo acrónimo inglés *SMART* (*specific, measurable, attainable, realistic, trackable*) en lo que se refiere a la fijación de metas? En caso de que no esté familiarizado con este acrónimo, permítame elaborar un poco sobre esto, ya que describe la esencia de cómo deben ser nuestros objetivos. Para que un objetivo sea *específico* significa que deberíamos intentar cuantificar (ponerle números a) a nuestros objetivos tanto como posible. Por ejemplo, ¿alguna vez usted, o alguien que usted conoce, ha establecido a algún tipo de objetivo de pérdida de peso en la medida de "quiero adelgazar"? ¿Qúe está mal con este objetivo? Concedido, una meta imprecisa es mejor que no tener ningún tipo de meta, pero se puede hacer mucho mejor el objetivo (y por lo tanto con más probabilidades de ser alcanzado) si es cuantificado o hecho más específico. Por ejemplo, podría modificarse a algo como, "quiero perder 15 kilos por el 1 de mayo". Ahora realmente hace las cosas claras para tu mente perseguir y no deja lugar a dudas.

En segundo lugar, y esto va junto con el primero de ellas, una meta debe ser *mensurable*. En otras palabras, debe ser diseñada de tal manera que usted puede decir con muy poco análisis si está acercándose a su meta o quedándose aún más lejos de ella. En otras palabras, diseñe sus objetivos en términos de kilos, dólares, pesos, semanas, meses o cualesquiera otros términos tangibles y cuantificables. Por supuesto, con salud y metas financieras es inherentemente bastante fácil. Nos hemos entrenado a pensar en términos de kilos o dólares (o pesos). Sin embargo, esto podría también utilizarse con otras metas, como reducir su presión arterial o los niveles de colesterol. La presión sanguínea se mide en términos de dos cifras, las presiones sistólicas y diastólicas. Podemos medir estes dos números muy fácilmente por tomar nuestra presión arterial. Para los niveles de colesterol, existen dos números para representar los tipos buenos y malos de colesterol. Podemos medir con una prueba de sangre cuando conseguimos un chequeo médico. Otras cosas que pueden reducirse a través de una vigilancia cuidadosa son cosas como azúcar en la sangre, los niveles de triglicéridos, etc. Si es un objetivo financiero, obviamente lo primero que viene a la mente es dólares/pesos (más concretamente, ¿cuántos dólares/pesos queremos?). Sin embargo, otras cosas como patrimonio (activos menos pasivos) también son beneficiosos al mirar los objetivos financieros que son fácilmente medidos. Para cualquier objetivo, debemos ser capaces de saber a través de términos mensurables, cuantificables, si nos estamos acercando a nuestro objetivo o cada vez más lejos.

Las partes tercera y cuarta de la sigla son un objetivo *alcanzable* y *realista*. En mi opinión, hay una línea muy fina entre ser realista y alcanzable y ser demasiado agresivo con la fijación de metas. Siempre soy reacia a decirle a alguien que su objetivo no es realista y alcanzable. ¿Quiero decir, quién soy yo para decirle a alguien algo así? Creo que es algo que esencialmente tenemos que responder a nosotros mismos de si algo es realista. Sin embargo, claramente algunos objetivos son más o menos realistas que otros. Por ejemplo, si alguien dice que quiere perder 15 kilos por la mañana, claramente no hay ninguna manera física para lograr algo como esto--no es una meta realista. Sin embargo, si usted me dice que su meta es ser un millonario para el próximo año, y tiene un plan viable para alcanzar esta aspiración, ¿quién soy yo para decirle que esto no es posible? En mi opinión, fijación de metas es un tipo de actividad muy personal. Sin embargo, eso no quiere decir que nosotros no podemos compartir nuestros objetivos con otros--a veces le da un impulso extra para sentir que se comprometió ante otras personas con respeto a sus objetivos. Una vez más, creo que cada persona se debe mirar profundamente y determinar si una meta es realista y alcanzable. Si es demasiado agresivo, corre el riesgo de desilusionarse con el proceso de estabelecer objetivos y nunca más hacer otra meta en este área. Si dispara demasiado bajo, corre el riesgo de no fijar su mirada lo suficientemente alto. Hay una línea muy fina entre los dos extremos del espectro.

La última parte de la sigla es *trazable* (trackable). En otras palabras, necesitamos poder realizar un seguimiento de nuestros progresos en el tiempo. Combinado con las dos primeras partes, *específico* y *mensurable*, esto debe ser muy sencilla. En otras palabras, debemos ser capaces de realizar un seguimiento de nuestra proximidad a la meta sobre una base diaria, semanal o mensual. Por supuesto, siempre debe escribir su meta inicial y la fijación de tiempo en el mismo lugar--sugiero un cuaderno de algún tipo. Por ejemplo, supongamos que su objetivo inicial era perder 5 kilos en un plazo de dos meses. Usted podría entonces también rastrear su progreso durante las semanas, pesandose cada domingo de mañana, por ejemplo, y anotando estas cifras. Por echar un vistazo a estas cifras a través de las semanas, usted podría determinar muy rápidamente si está acercando a su meta o cayendo más lejos de ella.

¿Significa esto que siempre logrará cada meta que se establezca? No, por supuesto que no. Sin embargo, utilizando a este tipo de estrategias drásticamente mejorará sus probabilidades de alcanzar sus metas, especialmente si también desarrolla un plan hacia la consecución del objetivo junto con las razones por las que necesita lograr el objetivo y lo que se perderá si no lo logra.

Utilice todos estos consejos para hacer sus metas tan tangibles y reales como posible. Una vez más, me gustaría sugerir que vaya a sentarse en un lugar tranquilo, intente entrar en un estado creativo de mente, saque ese lápiz y cuaderno y empiece a escribir. No deje que su mente se restrinja; en otras palabras, no deje que su mente le diga, "Oh, usted nunca logrará esto." Simplemente deje que los pensamientos fluyan libremente. Después de tener su lista, vuelva atrás y destaque los objetivos más importantes para usted--quizás los primeros tres o cuatro. Pueden ser cualquier cosa en la lista--simplemente intente determinar lo que usted valora más. Entonces me gustaría que se pusiera claro de por qué desea esas cosas. Es divertido y realmente algo místico, pero nuestras mentes están extremadamente potentes cuando saben lo que quieren y *por qué* lo quieren. Así que póngase claro sobre su justificación de por qué desea las primeras tres o cuatro cosas. Escriba al menos un párrafo o dos. Asegúrese de que usted es tan específico como sea posible. Su mente hace bien con detalle y precisión. En otras palabras, *¿por qué* exactamente desea esa cabaña de montaña? Si su razonamiento es para tener una estancia secreta para usted y su alguien especial, describa detalladamente los sentimientos que obtendrá, las experiencias que ayudará a crear, y los recuerdos que podrá forjar esa posesión particular.

La siguiente sugerencia que podría contarles en lo que trata de cómo lograr los objetivos establecidos por sí mismo es intentar tomar medidas tan pronto como sea posible-- hacer algo que le ayudará a lograr sus objetivos. En otras palabras, si desea escribir esa novela, vaya inmediatamente a sentarse delante de la computadora y obtenga un esquema general, la página de título, la primera página escrita, etc. Si desea ese automóvil deportivo, investígalo en internet, mire en una revista de auto para ver cuáles son los precios actuales, llame a un concesionario para ver qué modelos llevan, etc. La idea es desarrollar el impulso para lanzarse adelante. Podemos tener los mejores objetivos del mundo, con justificaciones claras de por qué los queremos y grandes formas de medir el progreso, pero si no tomamos medidas físicas, el resto es en vano. Así que haga algo. Cuando estaba buscando un negocio para abrir ya hace varios años, pasé horas investigando en internet y leyendo las revistas de negocios. No sabía exactamente el tipo de negocio que quería, pero sabía que ser propietaria era el único camino a seguir. Por lo tanto, estaba lista para actuar tanto como fuera necesario para generar el impulso que necesitaba para propulsarme adelante.

Una vez más, la definición de éxito es diferente. Tome el tiempo necesaria para determinar cuál es suyo. De lo contrario, al lograr lo que ha pensado que desea, es muy posible que lo mire y pregunte, "¿por qué era que quería esto?" Por otro lado, si está claro en lo qué quiere, por qué lo desea y tiene un plan viable para saber cómo alcanzarlo, el universo encontrará una manera de proporcionárselo.

Lección 10—Cuide de tu ser holístico.

Cuando realmente estamos acercándonos hacia nuestros objetivos, es bastante fácil descuidar partes de nuestro ser físico, mental y espiritual. Incluso los individuos aparentemente más exitosos, que han subido a la cúspide de su carrera profesional, si no son saludables (física, mental y espiritual), ¿qúe es lo verdaderamente tienen? Estoy segura que usted conoce a alguien que ha sido extraordinariamente exitosa despúes morir de un ataque al corazón repentino a una edad relativamente joven. Personalmente he conocido a muchas personas así por los años y he leído y oído hablar de muchos otros como ellos. Una de las cosas que me sorprende es el pensamiento que a primera vista, parecía que lo tenían todo, pero en muchos casos, ellos no se cuidaban tan bien como debían haber hecho. En otras palabras, lucharon para llegar a donde querían estar profesionalmente y comenzaban a disfrutar de los frutos de su trabajo, sólo para irse temprano de este mundo y así no poder disfrutar de la cosecha. Concedida, a veces la gente hace todo lo posible para cuidar de sí misma en todos los niveles y aún sucumbe a una enfermedad demasiado joven, pero en su mayor parte, son quienes no les dan a sus cuerpos el respeto que se merecen que no son capaces de disfrutar de las muchas bendiciones de una vida cumplida en edad madura.

Soy un firme creyente en el adagio, "nuestra salud es nuestra mayor riqueza". Si somos sanos en todos los aspectos de nuestro ser, no hay nada que no podemos lograr si nos dedicamos y tenemos un plan organizado y una estrategia para lograrlo. Sin embargo, si no somos sanos, resulta extremadamente difícil lograr cualquier cosa. En otras palabras, nuestra salud es la base sobre la cual toda nuestra vida se construye. Una vez más, cuando se refiere a la salud, me refiero al término en su sentido más amplio, más integral-- espiritual, física y mental. No basta ser físicamente saludable si sufrimos de ansiedad, depresión, soledad constante o vacío espiritual. Tenemos que reconocer que nuestros cuerpos, mentes y almas tienen necesidades únicas y hacer todo lo posible para satisfacer esas necesidades.

Debo confesar que yo no siempre he pensado así ni soy perfecta en este sentido. Anteriormente en mi vida adulta fumaba ocasionalmente--especialmente en situaciones sociales--y siempre he disfrutado de bebidas alcohólicas. Muchas veces todavía permito que el estrés me gane. Sin embargo, mientras me he madurado por los años, me he dado cuenta que los efectos de estas cosas realmente se acumulan con el tiempo. Creo que lo que hace que la gente descuente los efectos de estas acciones negativas sobre el bienestar es el hecho de que los efectos son tan lentos para manifestarse. Por ejemplo, literalmente lleva años para que los efectos de fumar o beber sean visiblemente aparente.

¿Alguna vez usted miró fotos de sí mismo de cinco o diez años antes y pensó, "Caray, me veo joven allí" o lo que es peor, "luzco mucho mayor ahora"? ¿Por qúe será? Bueno, obviamente no soy médica y sólo sé lo que he leido en libros y en internet sobre el tema, pero aparentemente el cuerpo contiene algo llamado radicales libres que son los principales culpables detrás de enfermedades cardíacas, cáncer y casi todos los demás efectos de lo que consideramos la vejez. Aunque algunos de estos radicales libres se producen como resultado natural de vivir nuestras vidas cotidianas (mediante el proceso de oxidación en el cuerpo), cuando bebemos, fumamos o experimentamos estrés, nuestro cuerpo produce más de estos radicales libres. Ellos causan estragos en nuestros cuerpos ya que carecen de una "pareja" y quieren juntarse a otras células hasta emparejarse, destruyendo así las células sanas para lograr esta estabilidad molecular. Afortunadamente, hay maneras de combatir este proceso destructivo--a través de la ingestión de alimentos que contienen antioxidantes y vitaminas. Estos nutrientes realmente neutralizan los radicales libres para que ya no son una amenaza. Algunos antioxidantes comunes son esos nutrientes como vitaminas C, E y A (que se encuentran en muchas frutas y verduras), así como otras cosas como el zinco, selenio y los ácidos grasos Omega-3 (como los que se encuentran en los peces).

Aunque muchos médicos recomiendan estos tipos de nutrientes en forma de suplementos--sin embargo, consulte con su médico para ver si estos tipos de suplementos son adecuados para usted--hay otras cosas que podemos hacer para ayudar a minimizar la producción de radicales libres. Estas son cosas tales como la nutrición adecuada, reducción del estrés, sueño adecuado, ejercicio moderado, la risa y una perspectiva positiva en la vida. Esto es donde la ciencia del cuerpo y la mente empiezan a superponerse.

Lección 11--No sufra de la enfermedad de "yo debería haber hecho".

Es muy fácil ir por la vida mirando hacia atrás en lo que "debía haber hecho." He sido culpable de esto en más veces que estaría dispuesta a admitir y a pesar de mis mejores intenciones, aún ocasionalmente me pezco haciendolo. ¿Alguna vez ha escuchado la expresión "la retrospectiva es 20/20"? ¿Qué exactamente significa esto? Para mí significa que cuando ponderamos una elección o decisión que tuvimos en el pasado, es muy fácil de enojarnos con nosotros mismos y pensar, "pero la elección parece ahora tan clara. ¿Por qué no fui esa ruta para empezar?" Por supuesto, cuando tomamos una decisión, lo hacemos con lo que se denomina información imperfecta. Nunca tenemos cada pieza única de información que podríamos tener para hacer la mejor decisión—avanzamos con la información más completa que tenemos en el momento.

Por lo que en realidad podríamos jugar el juego "debería haber hecho" con nosotros mismos con casi toda decisión que hacemos en la vida, porque es sólo una vez que se tome la decisión y los resultados y consecuencias de esa decisión comienzan a manifestarse realmente que vemos el impacto de la decisión inicial. En mi opinión, el principal problema con este tipo de mentalidad "debería haber hecho" es que si lo permitimos girar fuera de control, puede dominar todas nuestras decisiones y así todo nuestro conjunto. Empezamos a sentir un estado de parálisis mental en que somos reacios a tomar cualquier tipo de decisión por temor de equivocarnos.

Creo que todos tenemos un "músculo de tomar decisiones". Considero que esto funciona de la misma manera como un músculo físico. Deben estar en forma, ejercido y cuidado para crecer, permanecer fuerte y servirnos cuando lo necesitamos. Deberíamos intentar utilizar a nuestro músculo siempre cuando posible por tomar decisiones sin temor a posibles errores o lamentaciónes. Eso no quiere decir que no debemos tratar de obtener toda la información posible antes de que tomemos una decisión, especialmente uno con consecuencias más importantes. Una vez más, nunca tendremos toda la información posible, por lo que en algún momento tenemos que "jalar el gatillo" y tomar la mejor decisión posible dada la información que poseemos en ese punto del tiempo. En otras palabras, no tenga miedo de errores. Siempre hacemos errores porque somos humanos y es nuestra naturaleza. La clave, por supuesto, que me imagino que ha escuchado muchas veces en diferentes contextos, es aprender de ellos.

Durante los años, he hablado profundamente con y leido biografías de muchos ancianos, algunos de los cuales lograron grandes cosas en el transcurso de sus vidas. Parece que hay un tema común cuando se trata de arrepentirse. En general, parece cuando reflexionando sobre sus vidas, no tienden a lamentar cosas que hicieron--lamentan las cosas que *no hicieron*. Cuando se detiene un segundo a pensar en esto, es realmente una idea poderosa. Muchas veces en nuestra propia vida cotidiana, nos fijamos en algo y pensamos, "No, yo no debiera intentar esto" o "No, yo no debiera enfocarme en esa persona." Sin embargo, la mayoría de la gente que ha vivido sus años asignados en esta tierra, cuando reflexionan sobre la vida y su existencia, no piensan así. Más bien, reflexionan y piensan cosas como "¿Por qúe no comencé a ese negocio como yo quería?", o "¿Por qúe no me acerqué a esa persona que me atraía?". Mi reto a usted y a mí misma es seguir adelante y intentar lo que es que deseamos—sigamos adelante apesar del riesgo de ser "rechazados" o experimentando el "fracaso temporal." Al final de cuentas, estaremos mucho más satisfechos con nuestras vidas si intentamos y no triunfamos que si nunca hubieramos intentado.

Lección 12--Cuando cae, esté dispuesto a levantarse, recuperarse, y prepararse para más.

La vida se trata de arriesgarse, intentar posibilidades, y "fracasar" muchas veces antes de realmente llegar a sus objetivos. Pongo la palabra "fracasar" en comillas porque lo que se considera fracaso muchas veces podría considerarse simplemente una experiencia de aprendizaje en nuestro camino para alcanzar nuestro objetivo. ¿Alguna vez ha escuchado el dicho, "Nada que valga la pena es fácil"? Para mí esto significa que si una meta es digna de logro--por ejemplo, el nuevo coche de deportes, el negocio exitoso, o aprender a tocar un instrumento musical--requerirá tiempo, energía y atención. Siempre he sido una persona a mirar la vida como un juego--en algunos casos se gana y en algunos se pierde. Sin embargo, una vez más, como ha sido un tema constante a lo largo de este libro, usted sólo pierde cuando deja de intentar. Remonta a la idea de persistencia--como dijo el gran entrenador Vince Lombardi de futból norteamericano, "Nunca, nunca, nunca, nunca, nunca te rindas." Se trata de un gran consejo de uno de los entrenadores más exitosos en la historia de la *NFL* (Liga Nacional de Futból Norteamericano). Este sentimiento fue también resonado por Winston Churchill durante los días más oscuros de la Segunda Guerra Mundial, cuando la victoria para los aliados estaba lejos de ser cierta. Muchos historiadores le dan crédito para levantar mucho la moral de no sólo la Inglaterra, sino de los Estados Unidos y otros países aliados.

Muchas veces en la vida tendemos a imaginar el peor resultado posible para cualquier situación dada y se centramos en él exclusivamente. Que podría significar iniciar un negocio y entrar en la bancarota por ello, ser contratado a un nuevo trabajo y luego exponerse su falta de conocimiento, o acercarse a una persona especial y ser rechazado. Sin embargo, en la gran mayoría de los casos, no ocurre el peor resultado. Hay un refrán que dice que "la mala suerte es voluble," lo que significa que sería igualmente o aún más probable que un resultado positivo se produzca. Sin embargo, muchas veces este miedo imaginario puede paralizarnos hasta no hacer nada en absoluto--tener miedo de intentar. Como seres humanos tendemos a amplificar las cosas en nuestras mentes, y como he escuchado muchas veces en los círculos de psicología, nuestro cerebro hará más para evitar el dolor que para adquirir placer. Aunque puede que queramos emprender esa empresa, nuestras mentes tienden a decirnos, "Si empiezo un negocio hay una buena posibilidad de que perderé todo lo que tengo", o "me gustaría acercarme a esa persona a quien me siento atraído, pero si lo hago, probablemente acabaré herido." Eso es cierto, pero si no se intenta nunca, nunca sabrá y siempre se preguntará.

El filósofo romano Séneca, escribiendo a su amigo Lucilio, lo expresó muy inspiradamente: "esta es la piedra de toque del espíritu; ningún boxeador puede ir con un espíritu elevado en la contienda si nunca ha sido golpeado negro y azul; la única concursante que con confianza puede entrar en las listas es el hombre que ha visto su propia sangre, que ha sentido sus dientes temblando bajo el puño de su oponente, quien ha sido tropezado y sentido toda la fuerza de la carga de su adversario, que ha sido derribado en el cuerpo pero no en espíritu, quien, tan a menudo como él cae, se levanta otra vez con un desafío mayor que nunca "(Carta 13). Estas palabras, no importa cuántas veces las leo, nunca dejarán de mover mi espíritu. En mi opinión, esto declara que desafíos de la vida no deberían ser evitados, sino abrazados. Una vez que ganamos los "moretones" que muchas veces la vida imparte sobre nosotros, una vez que hemos "visto nuestra propia sangre", estamos envalentonados—el miedo literalmente no tiene más poder sobre nosotros.

Mucho de esto está relacionado con la mentalidad y la etiqueta que ponemos sobre las experiencias que solemos llamar "errores". Para la mayoría de las personas, el fracaso significa dolor. Visualizan el fracaso en sus mentes y sienten una reacción nivel intestinal. Ellos muchas veces no intentarán lo que estaban considerando debido al potencial dolor que piensan que experimentarían si no consiguen el resultado deseado. ¿Qué sucedería si cambiaramos el nombre de la experiencia conocida como "fracaso" a "aprendizaje"? Así que incluso si no logramos el resultado deseado la primera vez, por lo menos aprendimos algo-- hicimos más distinciones para ayudarnos en la consecución de los resultados futuros. Hay una historia bien sabida acerca de Thomas Edison antes a su invención de la bombilla. Alguien en un momento le preguntó si sentía como un fracaso ya que él había "fracasado" en tantos experimentos para perfeccionar la bombilla. Su simple respuesta fue "no he fallado; he simplemente descubierto 999 maneras de cómo no se debe crear la bombilla." Ahí radica una pepita de oro de la sabiduría que todos podemos usar. Es muy fácil para nosotros no lograr nuestro resultado deseado el primer par de veces, nos damos por vencidos y consideramos que hemos "fracasado". También es igual de fácil, después de no lograr el resultado deseado en las primeras veces, para seguir adelante después de haber "aprendido".

Teddy Roosevelt dio un famoso discurso en París, que también ha inspirado a generaciones. "No es el crítico quién cuenta: no el hombre que señala cómo el hombre fuerte tropieza o donde el hacedor de hechos podría haberlo hecho mejor. El crédito pertenece al hombre que está realmente en la arena, cuyo rostro está empañado por polvo, sudor y sangre, quién sale adelante valientemente, quién comete errores y se queda corto una y otra vez. Porque no hay ningún esfuerzo sin error o inconvenientes; pero quién conoce los grandes entusiasmos, las grandes devociones, quién se esfuerza por una causa digna; que, en el mejor momento, sabe, al final, el triunfo del gran logro, y que, en el peor, si fracasa, al menos fracasa mientras haber atrevido considerablemente, por lo que su lugar nunca será con esas almas frías y tímidas que ni sabían la victoria ni la derrota"(Roosevelt, 1910). ¿La elección es nuestra-- simplemente "existimos" a través de la vida o realmente tenemos el coraje de vivir?

Lección 13--Sea agradecido.

Esta es una importante lección porque podemos alcanzar todos nuestros objetivos y parecer muy exitosos a los demás que nos rodean, pero si no sentimos agradecidos, no se sentirá como si lográramos lo que queríamos. Sentirse agradecido, sentirnos benditos para lo que tenemos, es algo que casi todas las religiones predican como uno de sus principales postulados. ¿No parece extraño que la mayoría de todas las religiones en el transcurso del tiempo, incluyendo las modernas, predican un precepto similar? ¿Esto no debería decirnos algo? En mi opinión, ésta es la clave para tener una vida rica (en todos los sentidos de la palabra, no sólo financiera) y feliz--ser agradecido, dar gracias a un poder superior y sentirnos benditos para todo que se nos ha dado. Creo que usted encontrará que si hace esto sobre una base regular, su vida será enriquecida en formas que no se puede imaginar. Puede también cambiar radicalmente su estado de ánimo siempre que se sienta un poco desanimado--sólo enfóquese en por lo que está agradecido.

También, recuerde que nada es intrínsecamente bueno o malo--es cómo interpretamos los acontecimientos que nos suceden a nosotros que tiene el poder para darles significado. Hay una vieja historia budista que dice algo así. Un viejo campesino y su hijo vivían en una choza abandonada en el lado de una colina. Su única posesión de valor era un caballo. Un día el caballo escapó. Los vecinos vinieron a ofrecer simpatía. "¡Eso es terrible!" dijeron. "Vamos a ver", respondió el viejo agricultor. Al día siguiente el caballo regresó, trayendo consigo varios caballos salvajes. El anciano cerró todos dentro de la puerta. Los vecinos llegaron y dijeron, "¡Eso es maravilloso!". "Vamos a ver", respondió el agricultor. Al día siguiente, el hijo trató de montar uno de los caballos salvajes, se cayó y se rompió la pierna. Los vecinos llegaron tan pronto escucharon la noticia. "¡Qué trágico!" dijeron. "Vamos a ver", respondió el viejo agricultor. El día después llegó el ejército, obligando a los jóvenes locales a luchar en una batalla lejana contra los bárbaros del Norte. Muchos de ellos nunca volverían. Sin embargo, el hijo no podía ir, porque él se había roto la pierna.

¿Ves la moraleja de este cuento tradicional? Nada de lo que nos sucede es intrínsecamente bueno o malo--es el significado que le atribuimos que hace que sea así. Por lo tanto, sea agradecido no sólo por la suerte que experimenta en una base diaria--dé gracias por los desafíos de la vida, porque estos son los eventos que realmente nos hacen crecer en mente y espíritu. Concedido, ninguna persona racional busca la tragedia o mala suerte, pero son una parte inevitable de la vida. Por supuesto, podemos fácilmente abrazar las experiencias maravillosas de la vida, pero también debemos ser lo suficientemente maduros en espíritu como para aceptar las dificultades que la vida inevitablemente trae y tratar de crecer a partir de ellas.

Una vez más, sáque el cuaderno y trabajemos. Me gustaría que empezara a escribir todas las áreas importantes de su vida personal, profesional, cívica, etc. A continuación, me gustaría que empezara a describir las cosas por las cuales está agradecida en cada una de estas áreas principales. En "Personal," incluso puede descomponerlo en "Amistad", "Salud" o otras subcategorías que tengan sentido para usted. Pase algún tiempo cavando por lo que se siente agradecido, lo que le hace sentir bendito, ¿qué le hace sentir como si usted verdaderamente ha recibido un regalo de Dios o un poder superior. Intente profundizar tanto como pueda en *por qué* esto le hace sentir así.

Cuando termine esto, vuelva y lea estas cosas. ¿Cómo le hacen sentir acerca de estar vivo y de su misión en esta tierra? Si leyendo estas cosas no le inspire, quizás no ha hecho un trabajo bueno de describir de qué es por lo que está agradecido. Siéntase libre de leerlo sobre una base diaria, o cuando sienta que necesita una dosis de inspiración.

Lección 14—Alimentar su mente.

La mente es como cualquier otro órgano en el cuerpo-
-debe ser alimentada y cuidada. Para mí, la mejor manera de alimentar su mente es leer, estudiar y recibir palabras

inspiradoras de la sabiduría de aquellos que han venido antes de nosotros. De hecho, es tan importante que he dedicado todo un capítulo posterior a ello. Le pido que se comprometa a leer al menos 30 minutos al día de literature de inspiración y levantamiento--algo que ampliará sus horizontes, inspirarle con ideas y estimularle a alcanzar el siguiente paso en su vida. Si hace esto constantemente con el tiempo, encontrará que su vida cambiará completamente como resultado.

Capítulo VII
Primeros Diez Consejos para la Salud Óptima

Si tenemos nuestra salud física, es mucho más fácil llevar a cabo todas las cosas que queremos hacer en nuestras vidas. Por otro lado, podemos estar llenos de ambición, pero si no tenemos la energía física para abordar nuestros proyectos, nuestra ambición es para nada, en vano. Aunque tendemos a tomar nuestra salud por dado, nuestra salud, sin duda, no está garantizada. Es algo que tenemos que trabajar cada día para mantener. Dicho esto, aquí están mis consejos *"Top Ten"* para mantener la salud de toda la vida.

1. *Caminar unos 30 minutos al día, todos los días.* Esto puede hacerse afuera, el tiempo permitiendo, o en casa sobre una cinta rodante. Aunque en el exterior es más saludable, porque nuestros cuerpos requieren una cierta cantidad de sol y la Vitamina D que proporciona el sol, caminando sobre una cinta rodante está bien cuando el clima no permite otra cosa.

Caminar es una de las pocas actividades de ejercicio que podemos hacer cada día de nuestras vidas porque es relativamente de bajo impacto. Sin embargo, si usted camina lo suficientemente rápido (al menos unos 6 kilómetros por hora), puede servir también como una maravillosa forma de ejercicio cardiovascular e incluso ayuda a mejorar el tono muscular. Si busca en el internet en estos días, usted encontrará una plétora de información relativa a caminar y los beneficios de salud que le ofrece. De hecho, si examina las culturas más saludables alrededor del mundo--en algunas partes de Italia, Ecuador y Francia, por ejemplo--un componente clave de sus rituales diarios es caminar. Aunque no necesariamente en forma de ejercicio recreativo, es algo que forma parte de sus rutinas diarias, como caminar al mercado, caminar a visitar a un vecino, caminar al trabajo y de vuelta a casa, etc.

Si no siente como puede obtener 30 minutos a la vez, trate de romper su paseo en diferentes segmentos—tres caminatas cortas de diez minutos cada una, por ejemplo. Los estudios que he leído indican que los beneficios de varias caminatas cortas son equivalentes a las de un largo paseo. Además de los beneficios cardiovasculares y de tonificación muscular, en mi opinión también es una actividad de gran tipo terapéutico. Muchas veces voy a caminar simplemente cuando tengo algo en mi mente. Puedo pensarlo, considerar ideas diferentes, y muchas veces me viene una solución durante el paseo en sí o poco después--sólo debe mantener un cuaderno cerca para anotar los pensamientos que vienen a la mente. Así que si busca un ejercicio que se puede hacer en cualquier lugar, en casi cualquier circunstancia, con equipamiento mínimo (sólo un buen par de zapatos para caminar) y en que ya es un experto, considere caminar.

2. *Comer con moderación.* Aunque esto podría incorporar varias ideas, a lo que me refiero específicamente es a comer un poco menos de lo que requiere su cuerpo. Estudios han demostrado que personas que comen un poco menos de lo que sus cuerpos necesitan y nunca se llenan completamente durante una comida, viven una vida más larga. Un corolario de esta idea es no comer grandes cantidades más tarde en el día, después de las 4 PM, por ejemplo—y comer la mayoría de su comida en el desayuno y almuerzo. Si nada más, esto le ayudará a mantener su peso corporal y probablemente dormir mejor así. Una manera fácil de reducir calorías rápidamente es recortar comida chatara, golosinas y refrescos.

3. *Obtener sueño suficiente.* Investigaciones han demostrado que los seres humanos funcionan mejor con unas ocho horas de sueño, aunque esto puede variar ligeramente de una persona a otra. Si no puede obtener un total de ocho horas durante la noche, por cualquier razón, no tenga miedo de tomar una siesta durante la tarde si es posible. Sueño es verdaderamente algo mágico--es cuando nuestros cuerpos se restauran y se sanan. Muchas culturas y civilizaciones durante siglos han reverenciado el sueño como una panacea y un regalo de los dioses. Tengo que estar de acuerdo. Si usted es algo como yo, sabe lo terrible que se siente después

de una mala noche de sueño y lo maravilloso que se siente después de una agradable y tranquila noche de sueño. Más allá de las propiedades reparadoras del sueño, también es una manera maravillosa de cómo los seres humanos podemos resolver problemas, dejar nuestras mentes formar nuevas relaciones entre complejos pensamientos e ideas, y ordenar los desafíos del día pasado y prepararnos para los retos del día por venir. No se sienta culpable por la necesidad de su sueño: su cuerpo se recompensará por ello diez veces.

4. *Establecer amistades y trabajar en mantenerlos.* Los seres humanos somos criaturas sociales. Todos tenemos una necesidad innata de estar con otros, intercambiar ideas, compartir pensamientos y sentir las conexiones con los que nos rodean. Es verdaderamente raro encontrar a alguien que no desea estar con otros en algún grado u otro. Aunque intuitivamente sabemos esto y poseemos un fuerte impulso para socializar y estar con otros desde una edad temprana, los estudios científicos han sido capaces de demostrar en los últimos años que viviremos vidas más largas y saludables si socializamos.

Aunque normalmente no tenemos ningún problema en formar amistades cuando somos niños y a través de nuestros primeros años de adolescentes y adultos, mientras pasan los años, normalmente nos resulta más difícil hacer nuevos amigos. No estoy segura de por qué es así, pero creo que tiene algo que ver con el simple hecho de que la mayoría de los adultos estamos demasiado ocupados para hacer nuevos amigos. En ese momento, la gran parte de nuestra vida gira en torno al trabajo y familia y tenemos poco tiempo o energía para buscar activamente nuevas amistades. Eso es donde caben las iglesias, organizaciones sociales, y cosas similares. Nos permiten a tener la oportunidad de estar alrededor de personas afines y crear conocidos y amistades. Es extremadamente importante para nosotros crear y mantener amistades--el último de los cuales es mucho más difícil que el anterior, en mi opinión. Viviremos vidas más largas y más felizes y podremos añadir textura a nuestras vidas que de lo contrario podrían no tener.

5. *Ejercitar su mente cada día.* La mente es como el cuerpo en el sentido que debe ejercerse, cuidada, "extendida" y no permitida a atrofiarse. He mencionado la importancia de caminar cada día durante media hora. Creo que también es importante ejercitar su mente en cierta capacidad para al menos una media hora por día también. Este "ejercicio mental" puede ser en innumerables formas--leer algo edificante, estudiar un idioma, hacer crucigramas o otros rompecabezas mentales, leer una publicación de interés para usted, etc. El tipo de ejercicio no es tan importante como el acto de hacer algo cada día para estimular su mente.

La mente es muy similar a cualquier otro músculo en el cuerpo en el sentido de que puede crecer más fuerte con el ejercicio, o puede atrofiarse por la falta de ejercicio. Permítame hacerle una pregunta—¿alguna vez ha ido por un período sin realmente desafiarse mentalmente y entonces repentinamente darse cuenta de que no parece tan perspicaz que quizás una vez era? Por otra parte, ¿alguna vez ha ido para un período consistente de tiempo en el que estaba leyendo cada día, estudiando algo, jugando al ajedrez, haciendo rompecabezas, etc. y entonces de repente realizado que parecía muy perspicaz de hecho? Ese es el poder de ejercer tu mente. Se fortalece y se debilita al igual que cualquier otro músculo en su cuerpo. Sin embargo, hay una gran diferencia--su mente es quizás el más importante músculo del cuerpo ya que controla todo lo demás que hacemos--mental, espiritual y físicamente. Podemos tener una mente sana y cuerpo enfermizo y aún vivir algo parecido a una vida normal, pero no con una mente enfermiza (es decir, la enfermedad de Alzheimer o innumerables otras enfermedades que afectan al bienestar mental) y cuerpo sano. Así que trate su cerebro tan bien como--si no mejor-- que trata su cuerpo.

6. *Ríase tanto como posible.* El acto de reír, además de ser una de las grandes experiencias placenteras de la vida, es muy saludable. Estudios han demostrado que libera endorfinas, o productos químicos de placer, en su cuerpo, que producen una sensación de bienestar. También ayuda a fortalecer el sistema inmunológico y realmente puede hacer que se sienta más joven. He leído historias sobre personas que sufrían de enfermedades que, como parte de su propio régimen de autotratamiento, han visto películas

y espectáculos divertidos literalmente para reír tanto como posible.

La más famosa historia de "la risa como medicina" es la de Norman Cousins. Cousins era el editor de *The Saturday Review* durante más de 30 años y escribió numerosos libros incluyendo *La Anatomía de una Enfermedad*. En 1964, volvió a casa de una reunión en Moscú experimentando dolor común y con una fiebre alta. Fue diagnosticado con una enfermedad de colágeno que ataca los tejidos conectivos del cuerpo. Cousins había leído de emociones negativas y cómo pueden ser perjudiciales para el organismo y propuso la hipótesis que las emociones negativas son perjudiciales para la salud y, a continuación, las emociones positivas deben mejorar la salud. Inicialmente fue tratada con altas dosis de analgésicos, que se dio cuenta que eran perjudiciales para su organismo. Esto le motivó a autorecitar un medicamento de una especie diferente. Contrató a una enfermera que le leía historias humorísticas y le tocaba películas de los hermanos Marx. Esto demostró ser eficaz y en muy poco tiempo Cousins había dejado todos los analgésicos y pastillas para dormir. Se encontró que la risa aliviaba el dolor y le ayudaba a dormir. Publicó su historia y reclamaciones de los beneficios de la risa. Sin embargo, fue recibido con una gran cantidad de críticas en ese momento. Afortunadamente, la ciencia médica moderna ha llegado a reconocer los beneficios fisiológicos de la risa. Norman Cousins declaró que "se reió fuera" de una enfermedad mortal y los científicos han propuesto que ya es hora de reconocer que la risa tiene la capacidad de fortalecer el sistema inmunológico humano (Cousins, 1979).

He otra gran perspectiva de risa, por el gran escritor estadounidense del siglo XIX Mark Twain. Twain muy acertadamente dijo que, "la raza humana tiene sólo un arma realmente efectiva, y que es la risa. El momento en que surge, todas nuestras durezas se rinden, todas nuestras molestias y resentimientos se escapan y un espíritu soleado toma su lugar." (www.thinkexist.com/quotation). Si no es motivación suficiente para reír tanto como posible cada día, no sé qúe es.

7. *Comer tantas frutas y verduras como posible.* Esto es algo que escuchamos mucho estos días, pero vale la pena mencionarlo aquí porque es tan crucial para la salud a largo plazo. Una de las grandes cosas sobre frutas y verduras es los antioxidantes que poseen, que tienen el poder de prevenir enfermedades del corazón y el cáncer, las dos causas principales de muerte en hombres y mujeres en este país. También son bajos en calorías, llenas de las vitaminas y los minerales que nuestros cuerpos necesitan para su funcionamiento natural y llenos de fibra para el buen funcionamiento de nuestro sistema digestivo. Para aquellos de nosotros que tenemos un "diente dulce", el fruto es una alternativa natural a los postres refinados tales como galletas, pastel y helado.

De acuerdo a estudios médicos, deberíamos comer al menos cinco porciones de frutas y verduras por día. Personalmente me parece que puedo conseguir por lo menos tres de esas porciones en mi licuado de mañana, que me preparo a base de jugo de bajas calorías, un plátano, frutas congeladas surtidas (mis favoritas son los arándanos, moras y fresas), yogur descremado y luego una rociada de linaza, que también le hace muy bien al corazón. He hecho esto ahora para acerca de los últimos cinco años por lo menos cuatro o cinco veces a la semana (en los otros días podría tener algunos huevos revueltos o cereales ricos en fibra). He visto todos los tipos de máquinas de jugo caras en el mercado, pero utilizo una licuadora simple para crear a mis batidos. Si usted prueba a batidos y encuentra que los disfruta, no tenga miedo de experimentar con diferentes frutas y otros ingredientes--realmente no hay ningúna manera equivocada para hacer un delicioso licuado. Si encuentra que no los disfruta, tómese el tiempo para encontrar otras maneras de colarse al menos cinco porciones de frutas y verduras en su dieta diaria. Su cuerpo verdaderamente le dará gracias por ello.

8. *Tener un pasatiempo*. Creo que tener un pasatiempo que realmente disfrutamos y en que nos sumergimos es tremendamente beneficioso para nuestro bienestar mental y espiritual. Aunque nuestros intereses y aficiones obviamente cambian por los años--sé que los míos ciertamente han cambiado--he encontrado de que esto es un proceso natural

como evolucionamos como seres humanos. Mis aficiones por los años han sido desde trabajar con arreglos florales a la fotografía. Creo que la clave para un buen *hobby* es que debe ser algo que le compromete plenamente y algo que haría incluso si pensara que nunca ganaría cualquier dinero de él. Idealmente, una afición podría convertirse en algo que representaría una empresa rentable para usted, como mi pasatiempo con joyas eventualmente se desarrolló en mi tienda de joyas. Sin embargo, obviamente muchas veces cuando usted inicialmente se interesa en un *hobby* no está seguro si jamás podría hacer dinero de él. Una vez más, creo que muchas veces un nuevo *hobby* sólo ocurre naturalmente y que debe ser algo que abrazamos y siempre estar abiertos a recibir.

Si actualmente no tiene ningún *hobby* pero le gustaría tener uno, usted puede hacerse preguntas tales como, "¿Qué es lo que me interesa?", y "¿Qué tipo de trabajo haría gratis?" Este tipo de preguntas puede muchas veces ayudarle a identificar qué áreas le interesan. Independientemente de cuáles sean sus aficiones, les animo a pasar tanto tiempo como sea razonablemente posible (dadas sus circunstancias) con su afición, porque le puede estimular en muchos aspectos de su bienestar y uno nunca sabe donde le conducirá un *hobby*. Muchas celebridades durante los años, tales como cantantes y actores, comenzaron su oficio como un simple pasatiempo. Atrévase a soñar en grande, pero también esté dispuesto a pasar tiempo con su afición simplemente para el disfrute puro.

9. *Beber mucha agua.* Beber una cantidad adecuada de agua es uno de los aspectos más fáciles, pero más pasados por alto, de alcanzar y mantener la buena salud. He leído muchas veces a lo largo de los últimos años que nuestro cuerpo necesita por lo menos ocho vasos llenos de agua cada día para mantener el buen funcionamiento del cuerpo. Sé que mi cuerpo necesita por lo menos esta cantidad, si no más, ya que estoy bastante activa (estoy todavía en mi tienda casi todos los días durante al menos ocho horas al día, la mayoría de los cuales estoy de pie). La cosa sobre nuestros cuerpos, sin embargo, es que una vez que realmente nos sentimos deshidratados, a nuestro cuerpo ya le falta bastante líquido. Guardo agua embotellada en el refrigerador pequeño en la tienda ya que no tengo acceso a agua allí.

Hablando de agua del grifo, sé que ha sido la tendencia en los últimos 10 a 15 años para las personas a alejarse en favor de agua embotellada de todo tipo, muchos de los cuales son bastante caros. Sin embargo, los estudios más recientes en que me he topado han indicado que la mayoría del agua del grifo en los Estados Unidos es tan seguro como agua embotellado, si no más. Otro beneficio del agua del grifo es que contiene una gran cantidad de fluoruro, que ayuda a proteger nuestros dientes--algo que agua embotellada al parecer no tiene. Quisiera decir a menos que absolutamente no tiene acceso a agua, o está viajando en un país extranjero donde no está seguro acerca de la calidad del agua de grifo, no se sienta obligado a beber sólo agua embotellada. Independientemente de su fuente de agua, sin embargo, asegúrese siempre de obtener lo suficiente. Estoy segura que usted ha escuchado que nuestros cuerpos son hechos de principalmente agua--alrededor de dos tercios. Esto para mí es evidencia suficiente que necesitamos proporcionar lo suficiente como para mantener a nuestros cuerpos equilibrados y mantener en buen estado todas las funciones fisiológicas del cuerpo de que el agua es una parte.

10. *Si usted bebe, hágalo en moderación--pero no fume.* Siempre me ha gustado bebidas alcohólicas. Esto le puede ser una sorpresa, pero es cierto. De hecho, a veces durante el transcurso de mi vida adulta, he luchado con beber demasiado. Para mí, una bebida--una botella de cerveza o un vaso de vino--siempre ha sido una forma de relajarme y una recompensa para el trabajo de un largo día. De hecho, todavía bebo de vez en cuando, pero creo que mientras envejezca, realmente no puedo beber tanto como hacía cuando era más joven y todavía sentirme descansada y fuerte al día siguiente. Sin embargo, para los que nos gusta beber, podemos contentarnos en el hecho de que muchos estudios científicos han demostrado que el consumo moderado de alcohol--una bebida al día--es realmente saludable. De hecho, estudios han indicado que ayuda a proteger contra enfermedades cardíacas y otras causas de muerte. Una vez más, la clave es no abusar de él.

Por otro lado, fumar no tiene absolutamente ningúnas propiedades redentores de salud. De hecho, es todo lo contrario. Fumar, como estoy segura de que es consciente, conduce a una variedad de enfermedades, sin mencionar los dientes amarillos y mal aliento ("aliento del fumador"). Aunque fumé un poco cuando estaba en mis 20, nunca desarrollé un gusto por él. Tengo la fortuna de que éste era el caso, sin embargo, debido a que el fumar es altamente adictivo--pregúntele a alguien que alguna vez ha intentado dejar de fumar. Así que hága lo que hága, por favor no entre en el hábito de fumar. No hay nada "chido" sobre él y no tiene ningun mérito positivo. Si ya es fumador, hága lo que tenga que hacer para dejar de fumar. Se ha comprobado que el cuerpo humano puede curarse realmente de los efectos perjudiciales de fumar dentro de un período relativamente corto. Los pulmones y otros órganos afectados por fumar empiezan a generarse después de sólo unos días de no fumar. Es una noticia verdaderamente positiva.

Capítulo VIII
Pensamientos de Reflexión

Una de las lecciones anteriores hace referencia a la noción de que deberíamos cometernos a la lectura de algo edificante para 30 minutos al día. Sé que esto suena duro y probablemente lo será al principio, pero es esencial para nuestro crecimiento como seres humanos. Me gustaría compartir algunas ideas con ustedes ahora que le pido que contemple. Estos son los tipos de cosas que podemos recoger de nuestras lecturas diarias--ideas, palabras de sabiduría y conocimientos de las mentes más influyentes en la historia.

1. "El viaje de mil millas debe comenzar con un solo paso." - Lao Tzu

He escuchado este pensamiento de una forma u otra casi toda mi vida. Creo que escuchar estas palabras nos sirven bien porque cuando nos enfrentamos con un gran proyecto, muchas veces nos sentimos atemorizados por su tamaño--algo que nos puede impedir incluso iniciar el proyecto. Como he reiterado a lo largo de este texto soy un poco de una soñadora y suelo pensar en grande. ¿Psicológicamente, cómo me animo a abordar un proyecto grande, aparentemente interminable? Trato de decirme a mí mismo todo lo que necesito hacer es empezar, dar ese primer paso, y todo lo demás se caerá en su lugar.

Mientras realizaba la investigación de este libro, me topé con un concepto interesante llamado "No romper la cadena". Se basa en el sistema personal de Jerry Seinfeld de entrar en el hábito de escribir. Cuando estaba escribiendo activamente para el *Show de Seinfeld*, él solía colgar un gran calendario anual en la pared. Cada día que se sentó a escribir, haría "una gran X" roja encima del calendario. Segun él, "después de unos días tendrás una cadena. Es sólo mantenerla y la cadena crecerá más cada día. Te gustará ver esa cadena, especialmente cuando tengas a un par de semanas bajo su cinturón. Su único trabajo siguiente es para no romper la cadena"(Mears, 2011). Aunque se trata de una idea muy simple, es notablemente efectiva—pero por otra parte, algunas de las mejores ideas son de hecho las más simples. ¿Cuál es la lección detrás de todo esto? Para mí, es que cada proyecto, incluso las más grandes, puede dividirse en pasos pequeños y manejables. Seinfeld ciertamente entendía el poder de esta idea, como su show *Seinfeld* se prolongó durante nueve temporadas y fue una de las comedias más exitosas en toda la historia de la televisión.

Por lo tanto, apesar de lo que sea el proyecto, es una cuestión de sólo dar el primer paso. Se sorprenderá de cómo el primer paso conducirá a la segunda, la segunda a la tercera, y así sucesivamente hasta que un día se da cuenta de que ha completado el proyecto una vez abrumador.

2. "No hay límites. Hay mesetas, pero no debes quedarte allí, debes ir más allá de ellas. Si te mata, te mata. Un hombre debe constantemente superar su nivel."- Bruce Lee

Esta es una cita muy inspiradora de un hombre que vivió verdaderamente su pasión. Esta idea de romper mesetas me motiva en gran medida debida a que todos pasamos por esto, incluso los más grandes atletas, científicos, líderes y estrellas del cine de todos los tiempos. Cuando leo cosas así, creo que este tipo de persona también fue en realidad humano, y que no debo desesperarme cuando me siento atrapada de vez en cuando. No es ninguna vergüenza sentir que está en una meseta de algún tipo en su vida, sea profesionalmente, con sus relaciones importantes, o con cualquier otra cosa de valor para usted. Sin embargo, lo que sí es una vergüenza es estancarse y nunca ir más allá de donde está ahora. Un corolario de esta idea es el viejo adagio inglés de *"Never rest on your laurels"* ("Nunca descanse en sus laureles"). En otras palabras, no se permíta sentir tan satisfecho con sus logros que no alcance el siguiente nivel de logro. Es perfectamente aceptable estar orgulloso de lo que ha hecho y de las cosas que ha logrado. Sin embargo, no deje que esto le impida continuar a avanzar.

3. "He llegado a comprender que la vida es mejor ser vivida y no ser conceptualizada. Estoy feliz porque estoy creciendo diariamente y honestamente no sé donde se encuentra el límite. Para estar seguro, cada día puede haber una revelación o un nuevo descubrimiento. Atesoro la memoria de las desgracias anteriores. Se ha añadido más a mi banco de fortaleza"- Bruce Lee

Esta es otra cita del gran artista marcial. Esta cita encapsula el intrínsico riesgo que es vivir la vida. La vida es peligrosa, y quizás esa es la manera que debería ser. Mientras que esta idea vale la pena destecar por sí misma, la cita anterior también captura la idea de que el crecimiento personal es uno de los objetivos más valiosos que los individuos pueden perseguir. He oído decir que sólo somos felices cuando estamos creciendo como personas y contribuyendo a los demás. Creo que hay mucho de verdad en esto. ¿Alguna vez se ha sentido estancado en su vida? Yo sí. ¿Cómo le hizo sentir? Si es algo como yo, probablemente le hizo sentir algo deprimido y con una agria actitud ante la vida. ¿Qué es que el Sr. Lee nos dice en la cita anterior? Él está feliz porque él está creciendo día a día. Todos podemos crecer cada día en muchos aspectos de nuestras vidas, pero tenemos que tomar la decisión consciente que *elegimos para crecer* día a día. Hay muchas distracciones en nuestras vidas y muchas otras cosas que compiten por nuestra atención sobre una base diaria. Por lo tanto, conscientemente tenemos que decidir lo que es más importante para nosotros y en lo que queremos centrarnos en términos de crecimiento personal y profesional. Inherente a esta idea es el concepto de dar prioridad a nuestras vidas--decidir donde deseamos concentrar nuestra energía física, mental y espiritual.

Si bien a veces encontrar el tiempo para hacer realidad esas cosas que consideramos importante puede parecer una tarea desalentadora, psicólogos y otros en el campo de desempeño humano afirman que si simplemente podemos mejorar por un mero 1% al día, con el tiempo este aparentemente pequeño esfuerzo arrojará resultados muy notables. Por ejemplo, si decidimos que aprender a tocar la guitarra es una prioridad para nosotros, centramos nuestra atención en esto y mejoramos dicha cantidad por día, con el tiempo estaremos enormemente por delante de donde estábamos meses o incluso semanas, antes. Ahora concedida, esto no parece mucho, pero con el tiempo, los resultados verdaderamente se suman. Uno de mis retos a usted es identificar aquellas cosas que en realidad son importantes para usted e intentar mejorar sólo el uno por ciento al día.

La otra parte de esta cita es la parte final con respecto a la desgracia. En la cultura occidental, nos enseñan a tratar de evitar riesgos para minimizar posibles desgracias. He aquí una idea radical. ¿Qué sucedería si aprendieramos a abrazar la desgracia porque con la mala suerte viene fortaleza interna, fuerza interior y dureza mental y espiritual? No estoy diciendo que la desgracia deba agradarnos o la busquemos en modo alguno. Sin embargo, lo que estoy diciendo es que tenemos que reconocer que la desgracia es parte de la vida--que es inevitable y no deberíamos castigarnos sobre él o temerlo. ¿Alguna vez ha escuchado el adagio, "lo que no te mata te hace más fuerte"? Aunque esto a veces es saturada en nuestra cultura hasta el punto de ser casi un *cliché*, hay una riqueza de verdad en esto. Recordar que la desgracia es algo natural, un "subproducto" de la vida, y que todos tenemos retos a superar. ¿Cómo vemos estos retos y desgracias es lo que hace toda la diferencia.

4. "Somos lo que hacemos repetidamente. Excelencia no es un acto sino un hábito."- Aristóteles

Es una pensamiento inspirador que podemos crecer más allá de donde nos encontramos ahora en cualquier área de nuestra vida puramente a través de nuestros propios esfuerzos. Aunque a muchos de nosotros nos encantaría ser músicos, pocos de nosotros nacen con el talento natural de un Beethoven o Handel. Sin embargo, aún podemos ser destacados músicos simplemente por repetido esfuerzo--

practicar día tras día, poco a poco avanzar a más y más altos niveles de aptitud. Como mencioné anteriormente, si podemos intentar mejorar en un 1% al día, esta cantidad aparentemente minúscula se agrega durante las semanas, meses y años. También he oído decir que para realmente dominar una artesanía, debemos dedicar al menos 10.000 horas a ella. Eso es aproximadamente diez años de práctica constante. ¿Cuántos de nosotros podríamos comprometernos a ponerle 10.000 horas a nuestro oficio a fin de alcanzar un nivel de dominio? Yo diría que a pesar de que todos nosotros somos capaces de hacerlo teniendo en cuenta los incentivos adecuados y motivación, lamentablemente pocos poseemos el seguimiento para colocarle esta cantidad de tiempo. Es decir, ¿tenemos que ver la televisión, lavar la ropa y recoger víveres, no? Estoy siendo jocosa, por supuesto. Si bien es cierto que todos recibimos el mismo número de horas en un día, lo que hacemos con esas horas completamente, para bien o para mal, nos corresponde a nosotros.

5. "Muchos de los fracasos de la vida son personas que no se dieron cuenta de qúe tan cerca estaban al éxito cuando se dieron por vencidas"-Thomas Edison

He oído hablar de esta idea expresada en varias formas durante los años, pero esta cita de uno de los científicos estadounidenses más importantes e influyentes de la historia expresa bien la idea. Tuve la suerte de crecer en un ambiente donde, a pesar de que éramos pobres por estándares occidentales, mis padres nos inculcaban a mis hermanos y a mi algunos valores muy buenos, uno de los cuales era el poder de persistencia y de nunca renunciar. Así que cada vez que escucho sobre personas que renuncian en medio de un proyecto o empresa que comenzaron--sin duda muchas veces inicialmente sintiendo muy apasionado por ello--estoy verdaderamente asombrada porque me cuesta mucho trabajo relacionarme con esto. En otras palabras, ¿qúe llevaría una persona a renunciar en la mitad de algo que había empezado? Renunciar en sí es malo, porque como he puesto de relieve a lo largo de este libro, la única manera de llegar a su objetivo determinado en cualquier punto en el tiempo es concentrar su energía constantemente sobre él hasta lograrlo. Sin embargo, tal vez lo que es aún peor es cuando alguien se da por vencido cuando está muchas veces muy cerca, de hecho, de alcanzar su objetivo.

Anteriormente mencioné las viejas historias sobre el taladrero de aceite que renuncia a pocos pies de golpear a la reserva de petróleo, o el albañil quien astilla en la piedra y se da por vencido a unos golpes de romper la piedra a revelar el tesoro dentro. Estas anécdotas y otros como ellas expresan el pensamiento que Edison articula con tanta elocuencia. Edison era sin duda muy calificado para hablar sobre este tema, como fracasó literalmente cientos de veces antes de que él inventó la bombilla. Imagínese lo que habría sucedido si hubiera renunciado unos pocos experimentos antes de golpear a su marca. ¿Donde estaría el mundo hoy? Si bien es cierto que otro científico puede haber llegado finalmente con algo que nos ayudara a iluminar nuestros hogares, escuelas y empresas, pero puede no haber sido por otros 20, 30 o incluso 40 años, así que es muy probable que hubiera cambiado el curso de la historia moderna. Por lo tanto, yo le desafío a nunca jamás renunciar antes de llegar a su marca. Puede nunca estar seguro cuán cerca está para llegar a él.

6. "Déjame decirte el secreto que me ha llevado a mi objetivo. Mi fuerza reside únicamente en mi tenacidad."- Louis Pasteur

Una vez más, esto hace eco de varias de las ideas ya presentadas en este tratado, así como algunas de las citas que ya compartí con usted (¿es sólo casualidad que muchas de las grandes mentes en la historia pensaban de la misma manera?). Louis Pasteur era otro de los científicos más famosos de la historia y se da crédito para el proceso de pasteurización que todos tomamos por dado con los alimentos que consumimos hoy. Me parece tan interesante y bastante inspirador, que muchas de las mentes más grandes en la historia no se juzgaban excepcionales--simplemente se creían tenaces y persistentes. Tomo gran conforto en esto porque, aunque me considero tener bastante sentido común y "inteligencia de calle", no poseo mucha educación formal más allá de la secundaria (asistí a la facultad un poco cuando era mucho más joven pero luego la dejé). Por lo tanto, escuchar este tipo de citas me da mucha esperanza para lo que soy capaz de lograr. Por otra parte, considero que es notable que estos mismos temas comunes aparecen repetidamente. Pasteur, aunque estoy segura de que era un hombre brillante, consideraba su mayor rasgo de personalidad a ser su tenacidad. Me imagino que si podía hablar con él hoy, él diría que simplemente se negó a renunciar.

7. "Los errores son los portales de descubrimiento." - James Joyce

Esta es una cita muy inspiradora porque sé cuántos errores he hecho durante los años. De hecho, a veces parece que por más que intento "hacer que las cosas ocurran" con mis negocios, ¡más errores hago! Sin embargo, los errores no son para ser despreciados o evitados. ¿Conoce el adagio, "si no estás haciendo errores no estás intentando suficientemente duro"? Creo que la idea detrás de todo esto es si está sólo "jugandolo seguro" en la vida, sin tomar ningún riesgo, sólo permitiendo su vida desplegar delante de usted, seguramente no hará muchos errores graves (aunque personalmente creo que este tipo de filosofía de vida es incorrecta). Sin embargo, si usted está realmente tratando de hacer que las cosas sucedan, es muy probable que cometa errores. James Joyce, el famoso poeta estadounidense del siglo XIX expresó un paradigma alternativo sobre errores cuando les llamó "los portales del descubrimiento". En otras palabras, errores le llevarán al siguiente nivel de realización y logro, independientemente de lo que sea su campo de esfuerzo. Siempre cuando estoy frustrada conmigo misma por lo que en ese momento considero una mala decisión, me acuerdo de esta cita.

Como también he subrayado en numerosas ocasiones a lo largo de estas páginas, también es reconfortante saber si las mentes más grandes en la historia han cometido errores, entonces ciertamente puedo ser permitida hacer lo mismo. Estoy segura de que usted ha visto un programa de cine o televisión y pensado a sí mismo, "¡Caramba, esa escena era perfecta!" Sin embargo, lo que no sabemos, lo que no comparten con nosotros, es cuántas veces los actores tuvieron que ensayar la escena antes de que salió perfecta. Muchas veces, son cinco veces, diez veces, o más antes de que los actores hagan las cosas "correctas". En la vida real, sin embargo, obviamente no tenemos este lujo. Es sólo un trato de "un disparo" en la mayoría de las ocasiones. Aunque los errores son parte de la vida, lo que podemos hacer es cambiar el modo de pensar acerca de errores y comenzar a abrazarlos--utilizarlos como herramientas que nos ayuden a ser nuestro mejor *yo*.

8. "Un barco en el puerto es seguro, pero no es por eso que se construyen los barcos" - William Shedd

Este es otro de mis favoritos--es muy inspirador para mí porque me siento alentada a salir, tomar riesgos y "ponerlo en la línea". Seguro, barcos en el puerto se mantienen en estado prístino y son "seguros", pero ¿para qué sirve? Aunque es bueno ser atractivo y mantenido en buen orden, más bien sería sacar el barco y probarlo en "aguas abiertas". Es similar a un vehículo todoterreno de algún tipo. Sí, se ve bastante bonito después de que se ha lavado y encerado, ¿pero fue por eso que usted lo compró? No, lo compró a sacar a las piscinas de barro o en las laderas de las montañas y a poner su fuerza y destreza a la prueba.

En nuestras propias vidas, sin lugar a dudas parece más seguro cuando estamos "en el puerto", pero cuando somos ancianos y mirando hacia atrás y reflexionando en nuestras vidas, ¿seremos satisfechos con nosotros mismos por haber "jugado seguro"? De hecho, alguien me dijo una vez acerca de una herramienta útil que se llama "la prueba de mecedora". Es realmente muy simple: cuando se enfrenta con una situación en la que no está seguro de si el riesgo vale la pena tomar, imagínese en los años 80 o 90 y sentado en su mecedora, reflexionando en su vida. ¿Se sentiría arrepentido si no hace lo que es que está considerando en este momento? En otras palabras, ¿se lamentaría no haberse acercado a esa persona a quien está atraído? ¿Lamentaría no haber tomado los primeros pasos hacia la apertura de su propio negocio? Sé que en mi caso, cuando pongo algo a la "prueba de la mecedora," me quedo inmediatamente motivada para actuar en lo que estoy pensando. No sé de usted, pero suelo lamentar las cosas que *no hice* más que las cosas que sí hice. Así recuerde--aunque un buque en el puerto es seguro, ino es eso por qué se construyen buques!

9. "Cuando deje de soñar, deja de vivir." - Malcolm S. Forbes

Soñar--todos lo hacemos—sobre todo cuando somos jóvenes. ¿Pero los sueños tienen que parar allí? En mi opinión, seguramente no--y al parecer, Malcolm Forbes, uno de los grandes empresarios del siglo XX y fundador de la revista *Forbes* lo considera del mismo modo. ¿Significa esto que vamos a conseguir cada uno de nuestros sueños? Ciertamente no voy a decirles que no se puede, pero sé que yo personalmente nunca lograré todos los míos. Simplemente no creo que tendré el tiempo o energía para lograr cada uno--pero no me impide de intentar. Sin embargo, creo que sólo el acto de soñar, de tener metas, de pensar en posibilidades de imaginar las cosas que le gustaría algún día hacer—eso es lo que nos mantiene vivos y apasionados para el porvenir.

Recuerdo cuando era niña en Tailandia, los sueños de llegar a América y ser una estrella de cine son lo que me impulsaban adelante. Pensando en aquellos tiempos, a veces siento que eran sueños tontos—es decir, después de todo, ¿cuántos de nosotros por ahí realmente seremos estrellas de cine? Pero eso es lo que me mantenía en ese momento. He escuchado historias sobre soldados en campamentos de POW durante años. ¿Qué cree que los mantenía? Los sueños--sueños de lo que harían al llegar a casa, los sueños de una chica especial con quién acabaría de casarse, sueños de la casa en la que plantearía una familia. Independientemente de si realmente lograron esos sueños--aunque, sin duda, algunos de ellos alcanzaron los sueños que imaginaron--el acto de soñar, de representar la vida que querían, les dio un impulso mental suficiente para sobrevivir hasta la próxima hora o día. Hay valor infinito en el sólo acto de soñar.

10. "Vaya con confianza en la dirección de sus sueños. Viva la vida que ha imaginado."- Henry David Thoreau

Hay algo acerca del futuro que nunca deja de inspirar a la raza humana. Como una especie siempre hemos sido optimistas sobre la carretera en frente de nosotros. Parte de este optimismo innato, en mi opinión, se basa en nuestra capacidad para soñar --imaginar el futuro que deseamos para nuestras familias y nosotros mismos y a perseguirlo. Sin embargo, a pesar de esta cualidad innata que parece ser exclusiva de los seres humanos, sólo una pequeña fracción de los seres humanos a través del tiempo realmente han sido capaces de alcanzar sus sueños. Ahora concedida, quizás en el pasado esta capacidad fue más limitada por factores económicos y tecnológicos. Sin embargo, me atrevo a decir que casi todo el mundo vivo hoy en día tiene los recursos económicos y tecnológicos para poder colocar en realidad la vida que él o ella desea--para crear el futuro que imagina.

En mi opinión, el cuello de botella hoy para la mayoría de la gente no es los recursos que tenemos (o no tenemos) a nuestra disposición--es el coraje y la motivación para convertir nuestros sueños en realidad. La mayoría de las personas tiene algún tipo de visión en su "ojo de la mente" de cómo les gustaría que fueran sus futuros--si resulta ser un atleta, una estrella de cine, un médico, un abogado, dueño de un negocio, o innumerables otras opciones. Sin embargo, sólo una fracción de nosotros realmente hacemos lo mínimo para intentar convertir estas visiones en realidad! ¿Por qué es eso? ¿Es porque la mayoría de la gente es simplemente perezosa? Aunque alguna gente puede argumentar que es el caso, realmente no creo que sea. Creo que todos nosotros podemos inspirarnos para hacer grandes cosas, dados los incentivos adecuados.

Desde mi perspectiva, la gente no logra la vida que desea por un par de razones. En primer lugar, aunque la gente tenga la intención de crear la vida que anhela, se atrapada en la rutina diaria de la vida cotidiana. Usted sabe, hay que lavar la ropa, cocinar la cena, sacar la basura,

207

recoger los niños de la práctica de fútbol—sin mencionar sus 40 horas (o más) de trabajo cada semana necesario para perpetuar todo esto. ¿Cree que la gente más exitosa a través de los años no tenía este tipo de responsabilidades? Por supuesto que sí. Sin embargo, optaron por hacer sus sueños--y las actividades diarias que conducirían finalmente a sus sueños--una prioridad. Es decir, hicieron estas cosas antes de cualquier otra cosa—puede que se hayan levantado una hora o dos más temprano cada día para trabajar en ellas, o se quedaron hasta más tarde o trabajado en ellos los viernes y sábado por la noche en lugar de salir con los amigos. En segundo lugar y realmente no hay manera de "azucarar" esto, es tener el coraje de seguir sus sueños--coraje que todos potencialmente tenemos, pero muy pocos de nosotros realmente podemos hacer salir y utilizar.

¿Cree que la gente más valiente en el transcurso de la historia no sentían ningún miedo cuando decidieron emprender un riesgo? Claro que sí—puede haber sido un famoso general conduciendo su ejército en batalla o un famoso empresario que renunció a su trabajo para centrarse a tiempo completo en su idea de invención o de negocios. ¿Está usted familiarizado con el dicho, "Siente el miedo y hazlo de todos modos"? Creo que todos podríamos recordar este simple pensamiento inspirador de vez en cuando. Así que tome las palabras de Henry David Thoreau a pecho— vaya con confianza, viva la vida que anhela y convierta esos sueños en su realidad.

11. **"Hay una fuente de la juventud: es tu mente, tu talento, la creatividad que llevas a tu vida y a las vidas de la gente que amas. Cuando se aprende a aprovechar de esta fuente, verdaderamente habrás derrotado la edad."- Sophia Loren**

¿No es esto de lo que se trata? ¿Para utilizar los dones que Dios nos ha dado para tocar las vidas de otras personas? Yo siempre he sido un gran fan de Sophia Loren. Como una joven actriz, ella era una de las *starlets* más hermosas y glamorosas de Hollywood y la escena internacional. Ahora bien en sus 70, ella continúa inspirando a millones de personas alrededor del mundo no sólo con su belleza física, sino también con su gracia y su belleza interior, como lo demuestra la cita anterior. Creo que cuando dejamos de contribuir, dejamos de crecer como persona y dejamos de establecer y alcanzar nuevas metas, lentamente comenzamos a morirnos. Si verdaderamente deseamos permanecer jóvenes, seguiremos utilizando esos dones con que hemos sido bendecidos y esforzarnos constantemente por desarrollar nuevos talentos. Esta cita me es verdaderamente inspiradora.

12. "El mayor peligro para la mayoría de nosotros no es que nuestro objetivo sea demasiado alto y que fallamos, sino que es demasiado bajo y lo alcanzamos-" Michelangelo

Michelangelo fue quizás el más talentoso "Hombre del Renacimiento" de los siglos XV y XVI. Era pintor y escultor, pero también fue dotado en muchos otros ámbitos. Eligí esta cita para compartir con usted y la dejé para el final, porque quería darle su lugar adecuado entre estas otras citas. Creo que mientras los primeros once también son excelentes, si fuéramos sólo recordar o aplicar uno de los doce, debería ser esta. Sé que he sido culpable de "disparar demasiado bajo" muchas veces en mi vida, y estoy segura de que usted puede decir lo mismo. Por supuesto, hay muchas formas de interpretar la cita anterior. Una cosa que nos dice Michelangelo es nunca deberíamos temer el fracaso si realmente tenemos nuestra mirada puesta en una digna meta u objetivo. Es mucho mejor, en su opinión, a "fallar" en algo después de que verdaderamente nos hemos atrevido a soñar en grande frente a haber sido "exitoso" en algo muy por debajo de lo que somos realmente capaces.

Una vez más, como he afirmado sistemáticamente en todo, sólo tenemos una vida para vivir--aunque eso suena trillado y cliché, es cierto. ¿No tiene curiosidad por lo que puede lograr si usted verdaderamente lo persigue? Sé que yo sí tengo. Siento que mientras en algún nivel parezco haber tenido éxito, hay tantas cosas que todavía quiero hacer y sentirme capaz de hacer.

Me gustaría dejarle con una reflexión final. Como hemos dicho, el "fracaso" no es nada más que un estado de ánimo, algo que experimenta internamente. ¿Si no reconoce al fracaso, será que realmente existe? Usted reconoce por ahora que cada persona que jamás haya conseguido algo en la historia de este mundo "fracasa" cientos, si no miles, de veces antes de convertirse en lo que todo el mundo considera un éxito "de la noche a la mañana". Si no recuerda nada más, por favor recuerde a fijar su mirada en alto y no tenga miedo de ir tras lo que realmente quiere.

Capítulo IX
El Plan: ¿Qué Desea Realizar?

En el transcurso de este libro, hemos estado en un increíble viaje juntos--viajando desde una de las regiones más pobres del mundo a la cima de lo que muchos consideran el "sueño americano". Mi esperanza es que ha visto cómo alguien quien por las leyes de probabilidad tendría pocas posibilidades de algún día ser exitosa puede triumfar en la "tierra de oportunidades". Realmente siento bendita por todo lo que ha ocurrido en mi viaje por la vida. Mi objetivo en este capítulo es unir todo lo que hemos aprendido para que pueda empezar a utilizar estas cosas inmediata y efectivamente.

¿Qué hemos aprendido en el transcurso de este viaje? Lo primero que quiero destacar es *pensar en grande*. Independientemente de dónde está ahora en su vida, su mente puede imaginar donde algún día aspira a estar. La mente es una herramienta increíble--los científicos no entienden plenamente su poder y realmente no saben cómo afecta los pensamientos a la realidad. Sin embargo, puedo decirles, junta con millones de personas que han experimentado el poder de la mente, que los pensamientos sin duda tienen un impacto en el mundo físico. ¿No es para nuestro beneficio, incluso si no entendemos exactamente cómo funciona, utilizar el poder de la mente del pensamiento para crear nuestra propia realidad física--la realidad que deseamos para nosotros mismos?

Es como el fenómeno increíble de electricidad. ¿Cuántos de nosotros realmente podría explicar en cualquier tipo de detalle sobre cómo funciona la electricidad? Especulo que muy pocos de nosotros podríamos; Sin embargo, esto no nos impide utilizarla diariamente. Recientemente, han aparecido estudios sobre la ciencia del pensamiento según la cual los científicos colocan a pacientes en un escáner de MRI para detectar qué energía física se emite a través de pensamientos. Desde la base de los resultados de MRI, es evidente que los pensamientos de hecho emiten energía y son impulsos orgánicos. Por lo tanto, realmente no es muy difícil asumir que los pensamientos poseen algún tipo de poder para influir en el mundo físico. Por lo tanto, la conclusión es que le animo a pensar en grande.

Aunque el paso descrito anteriormente es esencial, también hay que tener claro sobre qué es lo que queremos. Se acuerda del acrónimo *SMART* en lo que se refiere a objetivos, ¿verdad? ¿Puede recordar las Resoluciones de Año Nuevo que usted, sus amigos, familiares y compañeros han hecho? ¿Cuáles son las resoluciones típicas? Si son algo como los que conozco, son cosas como, "bajar de peso", "ganar más dinero" o "ser más atractivo". Aunque objetivos así son mejores que no tener a ningun tipo de aspiración, ¿qúe está mal con objetivos así? Son demasiado vagos! ¿Qué significa "ganar más dinero" exactamente? En teoría, es un gran objetivo--es decir, ¿quién no quiere ganar más dinero? Sin embargo, como un objetivo específico, está lejos de ser óptimo.

Descubrí algo hace mucho tiempo que es esencial para alcanzar una meta. Aunque un objetivo vago es mejor que no tener ninguna, es exponencialmente más efectivo tener un objetivo específico--algo que puede cuantificar para asegurarse de qúe realmente está alcanzando. Por ejemplo, ¿por qué será que el objetivo específico de "perder diez kilos" es mucho mejor que "perder peso"? Bueno, yo no soy psicóloga, por lo que no podía decirle lo que es en la mente que hace el primero tanto más eficaz, pero "perder diez kilos" es algo que puede medir cada día, o incluso dos veces por día si lo elige! En un instante, usted sabrá si está llegando más cerca o más lejos de su meta. Hay *feedback* instantáneo. También es algo que puede realizar seguir diariamente. He aquí cómo hacer un objetivo específico aún mejor--póngale un horario. En otras palabras, darle al objetivo un plazo. Ahora, tenemos el objetivo de "perder diez libras por el 1 de abril." Este es un gran objetivo--es específico, mensurable y tiene un horario. Así, cada día que pasa y la escala de tiempo transcurre lentamente, sabe si está en pista o no.

¿Ahora que estamos pensando en grande y estamos claros sobre lo que queremos, qúe viene ahora? El siguiente paso es planificar una estrategia sobre cómo lograremos lo que queremos. Por ejemplo, sabemos que queremos perder diez kilos por el 1 de abril. Eso está bien, ¿pero ahora exactamente cómo vamos a hacerlo? ¿Vamos a caminar todos los días durante 30 minutos, levantar pesas tres veces por semana, nadar diariamente durante una hora, o una combinación de todos? Obviamente, cualquier tipo de ejercicio ayudaría, pero sería a nuestra ventaja tener un firme plan de ataque, una estrategia de cómo vamos a perder este peso--un régimen de entrenamiento formal, si quiere. También sería beneficioso para incluir o excluir elementos en una forma metódica, y deliberada--no simplemente, "creo que sólo voy a montar de bicicleta tres veces por semana." Edúquese en cuanto a las diferentes formas de ejercicio, cómo ayudará a su cuerpo y lo que puede esperar de cada forma de ejercicio. Ahora usted puede acercarse a su régimen de entrenamiento en un modo seguro--metódicamente ha elegido la estrategia de ejercicio y la dieta más eficaz que le ayudará a perder peso. Nuevamente, su objetivo puede ser cualquier cosa. Póngase claro sobre exactamente lo que desea y planée una estrategia sobre cómo se logrará.

¿Alguna vez ha escuchado la metáfora, "La vida es un viaje"? Aunque esto parece un cliché muy sobreutilizado, creo que contiene una gran riqueza de verdad. En mi opinión, un corolario de esto es la pregunta de "¿Habrá un destino final?" En otras palabras, ¿estamos avanzándonos por la vida, haciendo planes y objetivos y forjando sueños, para "llegar" en algún lugar donde podemos finalmente decir, "Lo hice"? Por ejemplo, sé que muchas personas—yo incluida—son culpables de pensar en la jubilación de esta manera. En otras palabras, hay muchas personas que van al trabajo día tras día, mes tras mes, año tras año con nada más que una noción vaga que algún día serían capaces de jubilarse. Sin embargo, las ideas de las personas sobre que significa la jubilación son drásticamente diferentes.

En realidad, el concepto de jubilación es bastante nuevo--sólo ha existido desde la primera parte del siglo XX. Antes, la gente simplemente trabajó hasta el punto de fallecerse. Sin embargo, durante la época de la Gran Depresión, a partir de la década de 1930, con la aplicación de la Seguridad Social, la gente comenzó a pensar en la jubilación en su forma actual. Sin embargo, en aquella epoca, las personas no podían esperar vivir mucho más allá de los 65 años, y la jubilación y Seguridad Social sólo fueron diseñados para los últimos años de la vida de alguien con esto en mente. Sin embargo, hoy en día, el término "jubilación" es mucho más ambiguo. ¿Significa una persona recientemente jubilada, alguien que ha estado activa durante toda su vida, ahora tan sólo pasará tiempo justo alrededor de la casa, jugando con cosas en el garaje, o gastando casi todos su horas de vigilia en el jardín o en el campo de golf?

Como usted probablemente sabe, las personas viven mucho más tiempo que nunca antes. De hecho, el grupo demográfico más rápido es *los centenarios*—los quienes viven a 100 o más de edad. ¿Qué hace una persona con 30 años o más de "jubilación"? Yo no podía imaginar este tipo de estilo de vida sedentario durante décadas y creo que la mayoría de la gente estaría de acuerdo conmigo. De hecho, muchas personas, después de una vida adulta entera de arduo trabajo y persiguiendo el logro con nada más que una noción vaga de jubilación para esperarse, terminan muriendo después de unos meses o años en esta forma de vida sedentaria. Creo que es difícil mentalmente, espiritualmente y físicamente para hacer un cambio radical tan fuerte en toda la esencia de ser.

Por lo tanto, cuando llegamos a esta edad, es esencial contar con un plan de objetivos firme y claro para esta etapa de su vida. Si ha planificado adecuadamente, estos años son verdaderamente algo para esperarse y disfrutarse. Si el dinero no es un problema, eso es maravilloso. Si sigue siendo un problema, que está bien también--sólo tiene opciones un poco más limitadas. ¿Qué espera lograr durante estos años? ¿Desea viajar, realizar trabajo voluntario o algo a lo largo de estas líneas? Estos son esfuerzos que valen la pena, pero probablemente es para nuestro beneficio poner tanto pensamiento en esta fase de nuestras vidas como lo hicimos en las otras fases de nuestras vidas, como nuestra fase de carrera.

Dicho esto, volvamos a la noción de vida siendo "un viaje y no un destino". Pensemos en esto por un minuto y en lo que realmente intenta transmitir. Aunque, sin duda, es un cambio de mentalidad para muchos de nosotros, creo que esto se está comunicando que debemos vivir cada día en el presente y disfrutar de los regalos que se nos ofrecen cada día. Si simplemente nos enfocamos en el futuro, algún destino final amorfo, podemos olvidar el presente, que, como todos sabemos, es lo único que se nos promete. ¿Esto parece una contradicción de todas las cosas que hemos estado debatiendo sobre objetivos y sabiendo lo que queremos en la vida? Creo que a primera vista puede, pero hay una manera de resolver estas dos ideas aparentemente dispares. Creo que si bien debemos tener metas claras y saber a dónde queremos ir en la vida, también es importante ser conscientes de lo actual y no sólo vivir de lo que esperamos lograr en algún momento en el futuro. En otras palabras, nos no colguemos tanto sobre el futuro y el logro de nuestros objetivos a largo plazo que prescindimos totalmente de felicidad y satisfacción actual con nuestras vidas y no nos damos el derecho de sentirnos bien donde estamos ahora. Como todos sabemos, muchas tragedias ocurren cada día en todo el mundo a las personas que tienen metas, se sienten esperanzado sobre el futuro y esperan cosas en la vida. Por lo tanto, es mi reto a usted a tomar el tiempo para crear su futuro, pero no a expensas de abandonar el presente.

Ahora tiene los conocimientos y herramientas para hacer su vida como desea que sea. Creo que todos tenemos cosas que queremos hacer en la vida y que sin duda podemos lograr si nos alineamos las prioridades y facultades mentales, físicas y espirituales. Si usted no toma nada más de este libro, me gustaría que tomara el poder de hacerse metas--de diseñar activamente su vida alrededor de esas cosas, experiencias y estados que considere realmente importante. Los pensamientos que cree, el diálogo interno que tiene y los hábitos que realiza diariamente toda ayudan finalmente para forjar su destino.

Le animo para que su aprendizaje y búsqueda de superación personal no termine aquí. Hágase una promesa a sí mismo para continuar su aprendizaje--siga llenando su mente con buena información, pensamientos positivos y modelos que han conseguido lo que usted desea lograr. Evite quienes intenten derribar sus sueños, sean cuáles sean. Su mente es como su cuerpo en que necesita recibir alimentación continua en forma de aprendizaje y refuerzo de las cosas que desea que se manifiesten en el mundo físico. Una vez más, dedique al menos 30 minutos al día para leer, escuchar un libro en CD o de otro modo proporcionar material edificante para su mente.

Además, recuerde que su mente y espíritu son como sus músculos en el sentido de que se deben ejercer sobre una base consistente para mantenerlos fuertes. No es suficiente leer para una tarde de 30 minutos y luego decir, "¡ahora estoy establecido para la vida." No hace ejercicio durante 30 minutos y luego piense que se está establecido en esa zona para el resto de su vida, ¿verdad? Lo mismo puede decirse de la conexión de mente y espíritu. Por lo tanto, comprométase a una vida de aprendizaje y constante mejoría.

También quisiera pedir que tome algún tiempo para descubrir por lo que es verdaderamente apasionado. Hay demasiadas distracciones para echarle fuera del hipódromo como para ser lo contrario. Aunque me gustó lo que hice durante esos años de trabajo en la administración pública, no estaba apasionada por ello. No fue hasta que comencé a "echar ramas", primero con bienes raíces y luego con la tienda de joyas, que empecé a ser apasionada por lo que hago. Si mira a la gente más exitosa, que resulta ser los que ganan más dinero (¿es simplemente una coincidencia?), son ellos los quienes son apasionados por lo que hacen en la vida. En otras palabras, harían lo que hacen gratuitamente. En muchos casos, lo hicieron sin ser pagado por muchos años-- como los de la industria del entretenimiento o atletas profesionales. De hecho, una de las primeras cosas que muchas de estas personas dicen cuando finalmente reciben un sueldo--que en ese momento es generalmente bastante grande--es, "No puedo creer que me están pagando por esto!" Es decir, ¿la vida ya no está suficientemente una pesadez? ¿Para qué hacer algo a menos que esté entusiasmado con él?

Si no está seguro de lo que es su pasión todavía--concedido, suelen cambiar y desarrollarse con los años—vaya a la biblioteca o librería y examine algunos libros sobre el tema. Hay una serie de buenos libros por ahí, como el clásico *¿De Qué Color Es Su Paracaídas? (What Color is your Parachute?)*, que es considerada la "biblia del cazador de trabajo" y es actualizado anualmente. Ahora usted puede estar pensando, "pero realmente no estoy buscando un nuevo trabajo". Yo lo respeto; sin embargo, tiene muchos ejercicios diferentes que le llevarán a pensar en profundidad acerca de sus intereses, habilidades, lo que ha hecho en el pasado que tiene cualidades y características de "pasiones potenciales", etc. Además, el internet está lleno de páginas con pruebas de personalidad y otras relacionadas que le ayudarán a sacar esas cualidades que aún no se da cuenta que tiene. Ellas le ayudarán a analizarlos rasgos de personalidad amplios y generales que podrían aplicarse a las diferentes carreras. Muchas veces, ellas incluso le brindarán sugerencias de carreras que podrían ser adecuadas para usted. He hecho este tipo de pruebas y pasé por los ejercicios anteriormente en el libro mencionado, y puedo decirle sinceramente que ellos valen el tiempo y esfuerzo. En mi caso, eran muy precisas y me ayudaron hace años para empezar a pensar por cuenta propia, y más recientemente, reforzar las decisiones que había tomado con respecto a tener mi propio negocio.

La actividad empresarial es una ruta de carrera maravillosa--y creo que podría considerarse una trayectoria legítima como cualquier otra--pero no es para todos, al menos en el sentido tradicional. Si no cree que es capaz de dejarlo todo y fijar su mirada en convertirse en dueño de un negocio a tiempo completo, comience a los pocos. En otras palabras, tal vez busque un negocio basado en casa mientras mantenga su trabajo a tiempo completo. Un gran porcentaje de empresarios exitosos comenzó de esta manera. Sin embargo, hay muchos fraudes por ahí sobre negocios basados en casa, así que tenga cuidado y hága su investigación primero. Para algunas ideas sobre posibles emprendimientos (legítimos), consulte publicaciones como la revista *Entrepreneur* o uno de los muchos otros periódicos similares--aunque personalmente prefiero este. De esta manera, puede tener lo mejor de ambos mundos: la seguridad de su trabajo a tiempo completo y asalariado con la emoción de su nueva empresa. Por supuesto, en algún momento, si su empresa crece más allá de cierto punto, deberá tomar una decisión sobre qué dirección tomar.

Si hay una cosa que me gustaría que tomara de este libro, es ser fiel a sí mismo--tómese su tiempo para descubrir lo que desea hacer y hága un plan para su logro. En mi opinión, tener un plan escrito para el logro de objetivos específicos es quizás la mayor actividad de "valor agregada" que existe en cuanto a superación personal. Sin embargo, por desgracia, también es algo que muy pocos de nosotros realmente hacemos. Muchas personas son muy entusiasmadas de hacer mejoras en sus vidas y cuentan con la energía y motivación para tener éxito. Sin embargo, la mayoría simplemente no toma el tiempo para conseguir objetivos específicos, y lo que es igualmente importante, no avanzan ese paso crucial de desarrollar planes sólidos para la realización de sus objetivos.

Capítulo X
Estrategias Finales sobre el Éxito

Me gustaría resumir este libro con mis reflexiones finales sobre el éxito de vida. Estos elementos destilan los conocimientos que he recogido en mi vida personal y profesional como un inmigrante esforzada, una funcionaria, y a continuación, una empresaria exitosa. Es una síntesis de mi vida de éxitos, fracasos y experiencias de aprendizaje. Mi esperanza es que las tome y utilice para ayudarle a evaluar su propia vida.

1. *Hága lo mejor que puede en todos los emprendimientos, pero luego deje que "las fichas caigan donde caigan".* A pesar de que lo he mencionado antes, quiero reiterar la "regla del 1%". Si está tratando de aprender un nuevo idioma, un instrumento musical o estudiando para su MBA-- si intenta mejorar sólo un uno por ciento al día, hará progresos increíbles en cualquier área de su vida. La idea es que si bien esta cantidad de mejora parece minúscula, después de pasar relativamente poco tiempo, los resultados

pueden ser verdaderamente inspiradores. Además, una mejora del uno por ciento por día en su área de concentración no es tan difícil de lograr. Es realmente sólo una cuestión de enfoque y hacer algo un hábito. Sin embargo, imagina que usted mejore un uno por ciento al día por semana tras semana, mes tras mes. Los resultados empiezan a componerse y en poco tiempo, ha duplicado su capacidad en esa esfera y luego se duplica de nuevo. He intentado de seguir este consejo sobre mi vida, y yo puedo testificar de la potencia de este principio. De hecho, es muy similar a mi enfoque en escribir este libro. Ha sido mi objetivo desde el comienzo tan sólo escribir una página al día. Esto no parece mucho, pero piénselo—son 30 páginas al mes, 90 en tres meses, etc.

Sin embargo, a veces, independientemente de lo difícil que nos empujamos a nosotros mismos y le damos todo lo que tenemos para lograr el objetivo, todavía no funcionan las cosas. En mi opinión, esto es porque hay tantos factores externos que están fuera de nuestro control que muchas veces no prevemos. Los ejemplos incluyen los de contraer una enfermedad, tener un accidente, tener un hijo con un grave problema, etc. Además, no podemos controlar las acciones de otros.

En el mundo de los negocios, por ejemplo, podemos pensar que tenemos un producto maravilloso que va a ser un verdadero *bestseller*. Sin embargo, quizás debido a las condiciones en la economía, o lo que predicen los economistas acerca de la demanda de los consumidores en los próximos años, nunca seamos capaces de lanzar el producto o tengamos que esperar mucho más tiempo que habíamos previsto. Por lo tanto, recordemos que en el complejo mundo de hoy, hay cientos de otros factores que escapan a nuestro control que potencialmente puedan influir en nuestro éxito a corto plazo. Esto no significa que nunca se convertirá en éxito—esto es donde la persistencia entra en juego. Sin embargo, significa que necesitamos recordar simplemente a hacer nuestro mejor esfuerzo y "que caigan las fichas donde caigan". Dicho de otra manera, deberíamos siempre intentar hacer nuestro mejor esfuerzo y luego confiar en que las cosas funcionarán, ahora o en el final. Recuerde que esto es lo que se llama *fe*.

2. *El dinero viene y va, pero experiencias y recuerdos se quedan para siempre.* Soy el primero en admitir que en el mundo de hoy, el dinero es indispensable. Tenemos que sobrevivir a diario. No importa qúe tan frugal estamos con nuestros gastos, tenemos que pagar nuestra hipoteca, comprar comestibles, ropa, etc. Hay miles de libros dedicados exclusivamente al tema del dinero y cómo mejor podemos administrarlo, cambiar la forma en que pensamos acerca de ella, etc., así que no ahondaré en este ámbito. Si está interesado en el estudio de las finanzas personales y el dinero en general, le animo a ir a la librería local o biblioteca y pasar algún tiempo leyendo. De hecho, muchas librerías le

permitirá sentarse y leer algunos de los libros que tienen en sus estanterías.

Sin embargo, también podría destacar que aunque el dinero es esencial, no es la única cosa en la vida. Cuando reflexiono en mi vida, no pienso acerca de cuánto dinero tenía o no tenía en un punto determinado. En su lugar, pienso sobre las personas que conocí, las experiencias que he tenido y los recuerdos que he creado. En otras palabras, para mí el dinero es como el aceite en el motor de su vehículo--es necesario, pero realmente es sólo el medio para un fin, no el fin en sí. He tenido la suerte de poder crear muchas experiencias maravillosas, y estoy segura que cuando estoy en mi lecho de muerte, reflexionando en esas experiencias y sentiendome agradecida, bendita y lista para ir al gran más allá. Además, yo también estoy cierta de que el dinero no incluso entrará en mi conciencia en ese momento. Hága que el dinero sea su siervo--no sea un sirviente a él.

En suma, la vida se trata de experiencias. El dinero es una herramienta, no el objetivo. Utilice el dinero para ayudarle a disfrutar de la vida que desea. Dinero va y viene. Es bueno saber que aunque perdamos dinero--he perdido mi cuota justa sobre los años--siempre podemos encontrar maneras de conseguirlo nuevamente. Dicho de otra manera, el dinero es sólo energía. Lo necesitamos para sobrevivir, pero no debe ser el resultado final de nuestra existencia. Nosotros como seres humanos somos diseñados para buscar relaciones, experiencias, recuerdos de alegría, felicidad y vida. Una vez más, hága que el dinero sea su sirviente--no al revés.

3. *Documente a su vida.* Hablando de reflexionar sobre sus experiencias y recuerdos de la vida, esté seguro de documentarla a través de la fotografía, la escritura y otras maneras de dejar su marca y posiblemente compartir su sabiduría de vida con aquellos que nos siguen. Siempre he estado fascinada por la fotografía y me interesé en ella a una edad temprana. Recuerdo haber visto libros de fotografía y admirado las fotos que vi en ellos--de la naturaleza, la gente durante eventos importantes, los momentos alegres, momentos trágicos, etc. Nunca dejó de sorprenderme cómo esas fotos podrían capturar ese momento para siempre. Con los años, he intentado de sacar fotos y he sido buena en mantener mis fotos personales protegidas para disfrute futura. En mis 20, estuve en las Filipinas con mi marido durante una de sus misiones militares. Yo participé en muchos de los eventos sociales de base y tuve la suerte de traer una cámara conmigo en muchas ocasiones o con alguien que traía una. Yo tengo esas fotos en álbumes y siempre siento una oleada de placer cuando las recuerdo.

Además, el acto de escribir es un arte antiguo que ha capturado la imaginación de la gente durante miles de años. Aunque nunca he mantenido un diario de cualquier tipo, conozco a personas que han mantenido diarios durante años y se sienten inspiradas siempre cuando los miran. En ellas, normalmente tienen no sólo los eventos diarios que pasaron durante los años, sinl los pensamientos, ideas, historias de personas que conocieron y relaciones que tuvieron, etc. Algunos de los más creativos, bien amados y respetados artistas, inventores y héroes a lo largo de la historia humana han mantenido registros escritos de sus vidas--personas como Leonardo da Vinci, Napoleón y Einstein. Imagínese si pudiera leer algunas de sus publicaciones! Es verdaderamente extraordinario pensar en la noción--tener acceso a las ideas y pensamientos más íntimos de estas personas.

La otra cosa notable que puede experimentar es sacar sus propias portátiles personales de tres, cinco o diez años atrás y que vuelva a leerlas. Invariablemente experimentará a una especie de momento de "allí es donde estaba yo"--es surrealista volver atrás en el tiempo y leer esas cosas. Esto es especialmente cierto cuando uno lee sus pensamientos de períodos en los que iban sucediendo muchos eventos de cambio de vida. Por más detallado que sea su escrito, por supuesto, más podrá revivir esas experiencias. Muchas veces hay que sentarse a causa de toda la emoción que evoca. Es como si vuelve atrás en el tiempo.

4. *Recuerde a reír tanto como pueda cada día.* He aprendido de que usted puede ser tan feliz como desea ser o tan miserable como se permíte ser. Nuestras mentes son como las cámaras. No podemos enfocarnos en todo lo que sucede a nuestro alrededor en todo momentos--tenemos que "acercar" a una parte de nuestro entorno en cualquier

momento dado. Por lo tanto, sólo nos centramos en un "panorama" particular de lo que realmente está sucediendo, lo que significa que nuestras mentes están intrínsecamente sesgadas en ese sentido. Si este es el caso, ¿por qué no utilizar esto para nuestra ventaja? En otras palabras, ¿por qué no intentar concentrarnos en las partes graciosas y humorísticas de situaciones, en lugar de las partes negativas?

¿Alguna vez ha escuchado el proverbio "La risa es la mejor medicina"? He leído mucho últimamente acerca de cómo la risa libera todo tipo de productos químicos de "sentirse bien" en su cuerpo y realmente ayuda a que su cuerpo se cure (¿recuerda la historia de Norman Cousins?). Con todas las pruebas a su favor, ¿por qué no intentar usar esto para nuestro beneficio y reír tanto como sea posible cada día? Ahora concedida, algunas situaciones--como una terrible tragedia de algún tipo--no son asuntos de reírse, pero la mayoría de las experiencias en cualquier día dado no es grave en absoluto. En otras palabras, la mayoría de lo que experimentamos en nuestra vida cotidiana puede ser algo de que reírnos. Asimismo, asegúrese de siempre poseer un sentido del humor sobre el mundo que nos rodea—mire un show chistoso, hable con la gente con quien se encuentra que tenga un sentido del humor, e intente desarrollar ese sentido usted mismo.

5. *Es maravilloso tener amigos, pero aún mejor ser su propio amigo.* He tenido a algunos amigos maravillosos durante los años. Algunos de mis mejores amigos han sido

otros tailandeses que vinieron a los Estados Unidos al mismo tiempo que yo. Siempre he intentado ser abierta a hacer nuevos amigos por el camino, incluyendo a amigos en el ejército o servicio civil cuando trabajé en esa zona u otras personas que trabajan por cuenta propia en los últimos años. Los estudios muestran que personas con muchos amigos viven vidas más largas y felices, y definitivamente estoy de acuerdo con esto basado en mi experiencias.

Piense en las personas mayores de nuestra sociedad. Algunos parecen ser muy contentos, mientras que otros parecen ser miserables y que sólo están sobreviviendo día a día. Aunque ciertamente, la salud física desempeña un papel importante en esto, pero al parecer, las amistades y el mantenimiento de lazos sociales son elementos importantes de la felicidad a esa edad. Muchas veces hoy en día, con el advenimiento de los medios sociales, los jubilados puedan reavivar viejas amistades y crear otros lazos comunales, que creo que es una cosa maravillosa en varios niveles diferentes.

Parece que cuando somos niños y adolescentes, instintivamente sabemos el valor de la amistad, activamente la buscamos y parecemos ser capaces de hacer amigos muy fácilmente. Sin embargo, cuando nos entramos en la edad adulta parecemos perder el contacto con esta parte de nuestras vidas. Parte de esto puede esperarse, tal vez, como la mayoría de nosotros se casa, inicia familias y se concentra en impulsar nuestra carrera hacia adelante. He oído los comentarios de muchas personas en los años 30 y 40 que su cónyuge es su único amigo. Aunque eso es agradable de una manera, creo que necesitamos a otros amigos además de nuestros cónyuges para ayudar a mantenernos en equilibrio y en contacto con el mundo. Por lo tanto, la conclusión es que la amistad es sumamente importante.

Sin embargo, es imprescindible darse cuenta de que debe ser su propio amigo también. Esto, en mi opinión, es quizás aún más importante a largo plazo que tener otros amigos. Seamos honestos--en la sociedad actual, los amigos vienen y van. He tenido amigos muy cercanos con quienes yo no he hablado ya hace muchísimo tiempo. Eso no significa que no son importantes y que nosotros no podíamos potencialmente reavivar la amistad, pero la gente cambia, evoluciona, pasa de una ubicación geográfica a otra, etc. Sin embargo, si somos nuestro propio amigo, esto en mi opinión satisface gran parte de esta necesidad psicológica innata de compañerismo. Por supuesto debemos buscar a otras conexiones, pero si no nos gusta nosotros mismos, si no disfrutamos de nuestra propia compañía, si no podemos quedarnos sólos de vez en cuando a pensar, escribir, meditar, ver una película divertida, etc., entonces inevitablemente nos sentiremos muy solitarios durante una buena parte de nuestras vidas.

He conocido personas--y en ocasiones he sentido así también--que simplemente no pueden soportar estar sólos por más de unos minutos. Piense acerca de cuánta presión psicológica es sentir que debe estar con los demás en todo momento, sin dejar de mencionar qúe tan emocionalmente necesitado puede aparecer a los demás. Así que llegue a conocerse a usted mismo, ¿qué hace que usted sea "usted," sus pensamientos y su personalidad más íntima. Porque al final de cuentas, si no podemos ser nuestro propio amigo, estamos engañandonos a nosotros mismos.

6. *Nunca tenga miedo de reinventarse a sí mismo.* ¿Cuando se piensa de la cantante pop Madonna, qúe es lo que llega a la mente? Aunque siempre he gozado de su música, la característica que se destaca más en mi mente es su tremenda capacidad para reinventarse a sí misma constantemente durante los años. Ella es una de las artistas de grabación más exitosas de todos los tiempos, independientemente del género musical. Ella ha estado haciendo discos y espectáculos para más de 25 años. ¿Cómo es posible eso? Si sabe algo acerca de ella, sin duda recordará que su *look* ha variado mucho a través de los años--desde los días de *Like a Virgin* de mediados de los 80, la moda elegante al principios de los 90 y luego en sus años más recientes no sólo como una de las pocas estrellas del pop que tengan más de 50 años, sino también una empresaria exitosa. Estoy segura de que ella ha comprendido que para permanecer viable como una fuerza en la industria del entretenimiento, ella tendría que continuar a reinventar su estilo musical, su apariencia y la forma de relacionarse con el público. Independientemente de si la quiere como artista-- ciertamente ha sido bastante polémica durante los años--no

puede negar el hecho de que ella es una genia de entretenimiento y una maestra en mantenerse pertinente.

Creo que podríamos todos tomar una página de la "Guía de Madonna" en este sentido. Creo que debamos esforzarnos constantemente para actualizar nuestros conocimientos, aprender nuevas habilidades y no tener miedo del cambio. Tan rápido como el mundo está transformandose en estos días, no podemos sentarnos y pensar que lo que hicimos ayer para ser exitoso (o el mes pasado o el año pasado) necesariamente funcionará hoy. Tenemos que abrazar el cambio y no temerlo. El cambio siempre estará allí, y parece estar sucediendo más rápido que nunca.

¿Qué significa esto para nosotros? Bueno, para mí personalmente, significa leer las revistas de pequeños negocios, asistir a ferias profesionales, y constantemente estar en busca de nuevas tendencias en el mundo del comercio en general y la industria de la joyería en particular. Ya estoy basada en uno de los primeros destinos de conferencias profesionales y turísticos, así que también intento mantenerme actualizada con las últimas novedades en San Antonio y a lo largo del *Riverwalk*. Será necesario examinar su campo particular para determinar cuál es la mejor manera para que se quede relevante y al tanto. Quizás no sea sorprendente, pero la necesidad de ser capaz de reinventarse a sí mismo es tan dominante en la sociedad actual y la economía moderna que la demanda de educación para adultos--en universidades de cuatro años y escuelas técnicas—está en un récord de todos los tiempos.

Para averiguar cómo mantenerse pertinente por los años requerirá algun pensamiento y planificación--no es algo que uno puede hacer sin ceremonia. ¿Cree que Madonna se transformó así en las últimas tres décadas tan sólo por acaso? Por supuesto que no. Así que le animo a dar a este tipo de cosa alguna reflexión seria y deliberada-- nuevamente, esto es un gran uso para su diario personal. Vamos a abrazar el cambio y darle la bienvenida con los brazos abiertos.

7. *Modelos son inspiradores, pero recuerde que son humanos también.* Desde que era niña en Tailandia, he tenido modelos--personas que admiraba. Cuando tenía ocho o nueve años, admiraba a mis hermanos mayores, especialmente a mis hermanos hombres. Cuando vine a los Estados Unidos cuando era adolescente, mis modelos eran los personajes femeninos retratados en esos programas de televisión como "*La Mujer Maravilla*" y "*Los Ángeles de Charlie*". Ahora como una mujer más madura y propietaria de empresa, admiro a otros empresarios, especialmente a aquellos que han logrado grandes cosas--gente como Bill Gates y Donald Trump. También he tenido otros modelos en mi vida en diferentes puntos, como personas con quienes trabajaba cuando era funcionario público--quizás un oficial militar por quien he trabajado, etc.

Cuando he emulado alguien a través de los años, siempre he intentado--muchas veces inconscientemente--tomar algún tipo de característica que he admirado del individuo y aplicarla a mi vida. Creo que esto es algo que ha hecho la mayoría de nosotros en algún momento de nuestras vidas--en mi opinión, es una práctica sana y productiva para emprender. Incluso podemos acelerar este proceso mediante la lectura de biografías y autobiografías de personas que admiramos--personas con quienes nunca podemos encontrar personalmente (ya sea porque ellos vivieron en un tiempo diferente u otra cosa nos separa de ellos) y a quienes, en caso contrario, no tendríamos aceso. La vida de las personas exitosas siempre me ha fascinado. Tenemos tantos libros a nuestra disposición que si buscamos, nunca estaremos en una pérdida para un modelo--aunque nunca físicamente nos encontramos con esa persona.

Además de estes modelos inspiradores de Hollywood, deportes o de otros sectores de la vida con que probablemente nunca nos encontraremos, creo que es una buena idea que tengamos amigos que nos motivan y nos animan a ser mejores y a llegar más allá de nuestro estado presente. En otras palabras, sólo intente hacer amistad o pasar tiempo con personas que le tiren hacia arriba, no le arrastren hacia abajo. Desde que llegué a esta realización hace varios años, he hecho un esfuerzo consciente para asociarme tan sólo con personas que creo que son capaces de moverme, animarme, o elevarme a un lugar superior.

Cuando se para a pensar, ¿por qué quisiera asociarse con personas que le traigan abajo? En mi opinión, hay muchos "falsos amigos" por allí que reciban un sentido deformado de satisfacción si son capaces de arrastrarle hacia abajo. Sin embargo, una vez que se das cuenta de que estas personas en realidad no son sus amigos, es fácil de reconocer el patrón y "cortarlo del raíz". Busque a personas que le inspiren--para decirlo sin rodeos, la vida es demasiado corta para asociarse con perdedores.

Sin embargo, cuando hemos identificado a personas que queremos emular, debemos ser cuidadosos de no poner estas personas sobre un pedestal. Nunca deja de sorprenderme cómo las personas pueden parecer tan angustiadas, sorprendidas y decepcionadas cuando un "modelo" como un atleta profesional o entretenidor pasa en las noticias debido a una infracción a la ley. Observe que puse "modelo" en comillas porque en mi opinión, estos tipos de personas no son individuos que deberíamos tratar de imitar. Independientemente de quienes son nuestros héroes personales, debemos recordar que también son humanos-- propensos a las mismas tentaciones, vicios y mal juicio como cualquiera. Cometen errores cada día, tal como lo hacemos nosotros. Si se para a pensar en ello, sin embargo, este hecho puede también servir como fuente de inspiración para nosotros. Es decir, si nuestros modelos cometen errores y aún han llegado a un punto que también estamos tratando de alcanzar, esto debería quitarle algo de la presión--en otras palabras, no tenemos que ser perfectos. En mi opinión, es un motivo de celebración.

8. *Todos cometemos errores; lo importante es aprender de ellos.* Siempre he creído en intentar mejorarme durante toda mi vida. Cuando era más joven, como he mencionado anteriormente, busqué a miembros mayores de la familia. Ahora exitosos empresarios y otras personas que han hecho bien en negocios me sirven como fuente de motivación. Sin embargo, he encontrado que no importa cuan difícil intento y a pesar de mis esfuerzos, cometo errores. Muchas veces, reflexiono sobre un error o algo que hubiera hecho de forma diferente, y pienso: "¿por qué diablos hice eso?" Los errores pueden ser muy desalentadores si se les permite que sean. Sin embargo, una vez que nos damos cuenta de que realmente tenemos control sobre cómo pensamos y nos relacionamos con errores, creo que esto puede darnos mucho poder.

Pensamos en actores en el *set* de un programa de televisión o una película. Cuando observamos un programa o una película, parece que todo es perfecto--las líneas, los movimientos, la coreografía. Por supuesto, los actores siguen una secuencia de comandos o conjunto completo de direcciones, detallando lo que deben decir, cómo deben moverse, incluso las expresiones faciales y lenguaje corporal que debe poner. Sin embargo, a pesar de todo esto, ¡todavía se equivocan una buena parte del tiempo! Sé que usted ha visto los errores chistosos (*"bloopers"* en inglés) de un programa de TV o película--ia veces lleva tres, cuatro o incluso cinco veces para obtener una línea correcta! De hecho, si piensa en la palabra inglesa "*mistake*" desde un punto de vista de la actuación, usted podría realmente descomponerla en dos partes: *mis-take*. En otras palabras, es una "toma" que no salió todo bien. Puede ser reconfortante saber que algunas de las personas mejor pagadas del mundo requieren varias veces antes de decir correctamente sus líneas. Está bien sentir que también podemos tener un "hacer de nuevo" cuando lo necesitamos.

Sin embargo, también es importante tratar de aprender de nuestros errores. Sé que suena trillado y cliché, pero es verdad. Además, a fin de aprender de nuestros errores, tenemos que estar dispuestos a reconocer primero que cometimos un error y luego dejar tiempo suficiente para reflexionar sobre el error y cómo podríamos hacer las cosas mejor la próxima vez. Una vez más, esta es otra razón para tener un diario personal o alguna otra forma para registrar sus pensamientos diarios y triunfos. Recuerde que pensamientos son fugaces--aquí un segundo y pasados el próximo. Creo que podemos aprender mucho de nuestros errores si nos tomamos el tiempo para anotar lo que hemos aprendido y cómo posiblemente podríamos hacer mejor las cosas. Sin embargo, independientemente de si elige escribir cosas, tenga el coraje de reconocer su error, deje tiempo suficiente para reflexionar sobre ello e intente obtener algún tipo de conocimiento de la experiencia. En este sentido, incluso "*mis-takes*" serán victorias.

9. *Aunque no nos garantiza otro día, planée así de todas formas.* He conocido a personas que utilizan el hecho de que no se está garantizado otro día como una especie de excusa por no planificar o pensar en el futuro. Es ciertamente posible que nos muramos esta noche en el camino a casa desde el trabajo o nos muramos repentinamente de un ataque al corazón o cáncer el año próximo. Sin embargo, si nos cuidamos de nosotros mismos y utilizamos métodos de seguridad de sentido común, es más probable que estemos aquí durante muchos años por venir. Realmente me sorprende escuchar a gente decir este tipo de cosas, porque para mí es muy deprimente pensar que no podría estar en un mes o un año. ¡Quiero vivir hasta ser una mujer muy vieja! No sé de usted, pero ciertamente quiero planear llegar a la vejez. Una parte de esta línea de pensamiento en que estoy de acuerdo, sin embargo, es lo de dejar un testamento de algún tipo. No soy abogada y no quiero dar a este tipo de asesoramiento jurídico, pero si está interesado en formar algo parecido a esto, hay muchos abogados por allí que se especializan en esto. En ello, puede especificar cómo y a quién le gustaría dejar sus pertenencias. En suma, le animo a preparar para la inevitabilidad de la muerte con la esperanza de que este evento no ocurra durante muchos años por venir.

Si piensa vivir mucho tiempo como yo, creo que esto le faculta en gran medida y le anima a cuidarse mejor.

¿Alguna vez escuchó el dicho, "si hubiera sabido de que iba a vivir durante tanto tiempo, me habría cuidado mejor"? Aunque esto es evidentemente irónica, creo que el punto es muy claro. No nos damos cuenta cuando somos más jóvenes del daño que podemos hacer a nuestros cuerpos por el excesivo beber, fumar, salir hasta tarde o comer el tipo equivocado de alimentos debido a que los efectos generalmente no aparecen hasta más tarde en la vida. Sin embargo, el mejor momento para comenzar a cuidar su cuerpo físico es cuando uno es joven--es decir, cuando se puede empezar a implementar los hábitos correctos que le servirán para toda la vida. Además, la juventud es el momento ideal para comenzar a construir una base financiera sólida. Hablamos anteriormente sobre el poder del interés compuesto, pero vale la pena repetirlo--el momento óptimo para comenzar a invertir es cuando uno es joven porque tiene el tiempo a su lado. Su dinero tendrá muchos más años para crecerse. Puede permitir que el poder del interés compuesto hága todo el "trabajo pesado" para usted en su búsqueda para planificar un futuro financiero estable.

Por supuesto todos sabemos que no estamos garantizados un mañana. Nosotros escuchamos y leemos sobre la tragedia cada día. Sin embargo, esto tiende a darnos una imagen distorsionada de nuestras posibilidades reales de vivir a la vejez. Si nos cuidamos, usamos el sentido común en nuestro enfoque a la vida y nos abstenemos de tomar riesgos excesivos, muy confiadamente podemos planificar para una larga vida. Sin embargo, lo que nosotros hacemos de esa larga vida depende completamente de nosotros.

10. *Crea en algo superior a sí mismo.* Desde los albores del tiempo, el hombre ha tenido innatas ganas de creer en algo superior a sí mismo. A lo largo de la historia, las personas han adorado al sol, las estrellas y el océano, entre otras cosas. Hoy existen decenas de grandes religiones organizadas y cientos de tipos más pequeños de las religiones. Me ha sorprendido en los últimos años para ver los noticieros y leer los periodicos acerca de todas las tensiones religiosas en el mundo, con cada fe afirmando que es la "verdadera" religión. Aunque estas creencias pueden parecer muy diferentes en la superficie, en el núcleo de cada uno es la necesidad del hombre a creer que hay un más allá--un poder superior o algo superior a nosotros mismos. En otras palabras, el hombre no quiere creer que cuando morimos, es todo. Creo que además de cumplir con esta necesidad psicológica innata, nos ayuda a comprender el mundo que nos rodea. Necesitamos creer que hay un plan mayor para todo.

Además de cumplir con esta necesidad innata, nos ayuda en nuestra vida cotidiana para creer que el trabajo que emprendemos, los sacrificios que hacemos y la gente que nos ayuda o recibe ayuda de nosotros, tiene un propósito más grande en la vida--como piezas de conexión en un rompecabezas más grande. Hasta ayuda a la gente en las partes menos desarrolladas del mundo, mientras luchan para alimentar a sus familias, muchos sin acceso a ningún tipo moderno de salud u otras cosas que el mundo desarrollado toma por descontado, creer que hay una vida mejor esperando después de éste. Sé que me ha ayudado inmensamente cuando he pasado por la tragedia o un período difícil en mi vida pensar que el evento sucedió por una razón y hay un propósito mayor que todos--incluso si yo no puedo descifrar lo que podría ser en ese momento.

Le animo, si usted no tiene, a desarrollar un sentido de que hay algo más por ahí. De hecho, es difícil negar que existe algo mayor cuando se para y reflexiona sobre la belleza y las maravillas que nos rodea diariamente. Creer en algo mayor nos ayuda a enfrentar a las vicisitudes, juicios y tribulaciones, placeres y dolores de la vida. No estoy defendiendo cualquier religión particular—yo no soy especialmente religiosa. Sin embargo, creo que es importante aprovecharnos de la parte espiritual que poseemos--que parte de nuestro ser interior que nos conecta a todos los demás seres vivos, incluso aquellos que han llegado antes que nosotros y los que vendrán después de nosotros. Una vez que hacemos esto, creo que la vida tiene un significado más rico, más completo.

Me gustaría concluir este tomo dándole gracias por haberme acompañado en este viaje a través de mi vida. Mi sincera esperanza es que han encontrado algo que pueda utilizar y aplicar a su propia vida. Creo que el simple hecho de que ha leído las palabras que me costaron tanto esfuerzo poner a papel nos conecta de alguna manera especial. Aunque talvez nunca nos reunamos en persona, siento que nuestras almas están conectados y que somos almas gemelas. Me gustaría dejarle con una tradicional bendición irlandesa, que puede que haya oído antes, pero siento que verdaderamente resume mis sentimientos, el agradecimiento y el sentimiento que he intentado transmitir en este libro. Es la siguiente: **Te deseo un camino, no desprevisto de nubes. Ni una vida sobre un lecho de rosas. Ni que nunca debas sentir dolor. No, éste no es mi deseo para ti. Que puedas ser valiente en tiempos difíciles, cuando los laicos pongan cruces sobre tus hombros. Cuando las montañas se deben escalar y las simas atravesar, cuando la esperanza escasamente pueda brillar en tu pensamiento, que todos los dones que te regalaron los cielos pueden crecer junto a ti. Un deseo más para ti—que en cada hora de alegria y dolor puedas sentir a Dios cerca de ti.**

AGRADECIMIENTOS

Me gustaría darle una notación especial de agradecimiento a las personas y organizaciones siguientes:

A mi familia que ha creido en mí todos estos años. Amo a todos ustedes.

Henry, quiero darte las gracias por apoyarme a lo largo de los años y haberme presentado a la verdadera "yo", quien estaba destinada a convertirse en éxito. Eres mi inspiración.

Debo darles tremenda gratitud a mis "inversores de ángel". Es la gente que creyó en mí y me prestó dinero durante los años de mis emprendimientos de negocios. Yo nunca habría sido capaz de despegar y finalmente obtener éxito sin su respaldo.

Agradeciendo a D.P. Janssen y Darrell es indispensable, especialmente durante los momentos difíciles con mi madre en el hospital. Muchas gracias. Son mi roca y sistema de apoyo y siguen siendo verdaderos amigos hasta este mismo día.

A Heidi mi fotógrafo--gracias por hacerme quedar bien!

Rose Zamora, agradezco su asesoramiento legal. Usted nunca me dirige mal.

Sin Ana E., nunca me habría enterado de "la mente de millonario". Eres quien me presentó a la mentalidad de riqueza. Nunca habría sabido cómo invertir mi dinero si no hubiera sido por ti.

A todos aquellos amigos que han creído en mí durante los años. Quienes nunca me dudaban y siempre sabían que podría convertirme en un éxito. Yo seguía en curso debido a su fe en mí y agradezco aquellas estrechas amistades que he adquirido a lo largo del viaje de mi vida.

REFERENCIAS

Bolles, r. (2011). ¿De qué color es su paracaídas? Ten Speed Press.

Primos, N. (1979). Anatomía de una enfermedad como percibido por el paciente: reflexiones sobre la curación y regeneración. Nueva York: Norton.

Mears, T. (2011, 8 de enero). No romper la cadena con objetivos de año nuevo. The Miami Herald. Consultado el 04 de febrero de 2011 de
http:// www.miamiherald.com/2011/01/08/2003929/dont-break-the-chain-with-new.

Padmasambhava, Kongtrul, j., Kunsang, e. & Schmidt, M. (2004). Luz de sabiduría, vol. 1. North Atlantic Books.

Roosevelt, T. (23 de abril de 1910). Ciudadanía en una República. Discurso en la Sorbona, París.

Seneca. Cartas morales a Lucilio. Carta 13. Consultado el 17 de febrero de 2011 desde http://en.wikisource.org/wiki/Moral_letters_to_Lucilius/Letter_13.

Shane, S. (2004). Una teoría general de la actividad empresarial: el nexo entre el individuo-oportunidad. Edward Elgar Publishing.

www.enotes.com/Shakespeare-Quotes. Consultado el 12 de marzo de 2011.

www.quotationsbook.com/quote/38942. Consultado el 15 de marzo de 2011.

www.thinkexist.com/quotes/Buddha. Consultado el 07 de marzo de 2011.

www.thinkexist.com/quotation/the_human_race_has_only_one_really_effective/156393.html. Consultado el 09 de abril de 2011.

TAMBIÉN POR EL MISMO AUTOR

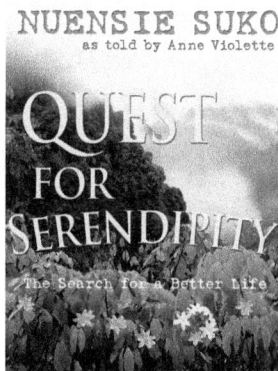

Inspirado por una historia verdadera, esta historia de coraje y determinación le levantará los espíritus y le dará animo. Pero tenga cuidado. Una vez que usted empieza, no querrá ponerlo de vuelta!

www.ingramcontent.com/pod-product-compliance
Lightning Source LLC
Chambersburg PA
CBHW061153220326
41599CB00025B/4470